지도에서
사라진
종교들

지도에서 사라진 종교들

잊혀지는 신앙과 사라진 신들의 역사

초판 1쇄 발행 2016년 8월 10일
초판 3쇄 발행 2019년 11월 1일

지은이　　도현신
펴낸이　　이영선

편집　　강영선 김선정 김문정 김종훈 이민재 김연수 이현정
디자인　　김회량 정경아
독자본부　　김일신 김진규 정혜영 박정래 손미경 김동욱

펴낸곳 서해문집 | 출판등록 1989년 3월 16일(제406-2005-000047호)
주소 경기도 파주시 광인사길 217(파주출판도시)
전화 (031)955-7470 | 팩스 (031)955-7469
홈페이지 www.booksea.co.kr | 이메일 shmj21@hanmail.net

ⓒ 도현신, 2016
ISBN　978-89-7483-802-7　03900

이 도서의 국립중앙도서관 출판예정도서목록(CIP)은 서지정보유통지원시스템
홈페이지(http://seoji.nl.go.kr)와 국가자료공동목록시스템(http://www.nl.go.kr/
kolisnet)에서 이용하실 수 있습니다.(CIP제어번호: CIP2016014702)

잊혀지는 신앙과
사라진 신들의 역사

지도에서
사라진
종교들

도현신 지음

서해문집

종교는 인간을 초월한 존재인 신을 믿는 행위다. 사람들은 흔히 신은 영원불멸한 존재며, 그런 신을 믿는 종교도 영원히 존속할 것이라고 생각한다. 그러나 인류의 오랜 역사를 통틀어 보면 수많은 종교(신앙)들이 나타났다 사라져갔다. 인류 최초의 종교였던 수메르-바빌론의 메소포타미아 신앙부터 이집트의 오시리스 신앙, 그리스-로마의 올림포스 신앙, 켈트족의 드루이드 신앙, 게르만족의 발할라 신앙, 슬라브족의 페룬 신앙, 핀란드 전통 신앙, 아즈텍의 태양신 신앙, 만주족의 샤먼교까지 다양한 종교들이 한때 숭배받았으나 지금은 누구도 믿지 않는 죽은 신앙이 되어버렸다.

애초에 종교와 신을 만든 장본인은 인간이다. 종교 경전 속에서야 신이 전지전능하게 묘사되지만, 막상 인간들이 더 이상 믿지 않으면 그 신의 의미는 사라진다. 2010년 개봉된 영화 〈타이탄〉에서도 '인간의 숭배를 받지 못하는 신은 사라진다'는 설정이 등장한다.

　이 책은 세계 역사 속에서 등장하고 사라져간 수많은 종교들 중에서 이미 소멸했거나, 현재까지 남아 있더라도 그 교세가 매우 미약한 종교들을 다루었다. 단, 그리스 신화나 이집트 신화같이 너무 유명한 신화들은 가급적 넣지 않았다. 이미 그 내용을 다룬 책이 시중에 무수히 많기 때문에, 이 책에서까지 구태여 쓸 필요는 없다고 판단했다. 될 수 있는 한 사람들에게 잘 알려지지 않은 내용을 다루는 것을 철칙으로 삼았고, 앞으로도 그럴 생각이다.

　책의 앞부분에서는 수메르와 바빌론 등 메소포타미아 신앙을 다루었다. 그리스 신화에 비하면 잘 알려지지 않았지만, 이 신앙이 유대교에 지울 수 없는 강력한 영향을 끼쳤기 때문이다. 유대교는 오늘날 전 세계 38억 인구가 믿고 있는 기독교와 이슬람교의 뿌리가 되었다. 메소포타미아 신앙을 알면 유대교와 기독교, 이슬람교를 이해하는 데 큰 도움이 될 것이다.

아울러 페르시아의 조로아스터교와 여기서 파생된 미트라교, 마니교도 자세히 다루었다. 비록 지금은 사라졌거나 거의 사라져가고 있지만, 세계 역사에 많은 변화를 일으킨 중요한 종교이기 때문이다. 특히 중국과 한국에서 수많은 농민 반란(봉기)이 있을 때마다 기치로 내걸었던 '미륵'의 유래를 비중 있게 서술했다. 오늘날 미륵은 불교에서 미래에 올 구세주로 여겨지지만, 본래는 불교와 상관이 없는 페르시아의 태양신 미트라가 동서 무역로를 타고 동방으로 전파되어 미륵이라는 이름으로 바뀌어 불리게 된 것이다.

이렇듯 사라진 종교라도 해도, 숭배를 받던 신들은 다른 이름으로 계속 살아 있다. 역사를 알면 인류의 문화 유산을 좀 더 깊이 이해할 수 있다. 그런 면에서 이 책이 종교와 신에 대해서, 그리고 인간의 심리와 문화, 세계의 역사에 대해서 알고자 하는 독자들에게 조금이나마 도움이 되기를 바란다.

2016년 7월
도현신

III 기이하고 독특한 종교들

종교를
만든
종교들

하늘의 신이 바다의 용을 죽여 세계의 평화와 질서를 지킨다는 내용의 신화는 바빌론 신화에서 처음 등장하여 주변 지역으로 전파되었다. 시리아 북부 우가리트 지역의 신화에는 용 모습을 한 바다의 신 아무를 바알 신이 곤봉으로 때려죽이는 내용이 있다. 이 부분은 구약성경에서 유대인들의 신 야훼가 바다 괴물 레비아탄을 죽이는 이야기로 살짝 바뀌었다. 오늘날 유대교, 기독교, 이슬람교의 경전이 된 구약성경에 들어간 이 설화의 기원은 바로 바빌론에서 비롯된 메소포타미아 신화였다.

수 메 르 와
바빌론 신앙

종교의 어머니

"인간은 신에게 봉사하기 위해 창조되었다."

–〈에누마 엘리시〉에서

지구상에서 가장 오래된 종교는 현재 이라크 지역인 메소포타미아의 수메르와 바빌론에서 시작되었다. 유대교, 기독교, 이슬람교의 경전인 구약성경에 기록된 창세 신화보다 수메르와 바빌론 신앙의 연대가 약 2000년이나 더 빠르다.

수메르와 바빌론 등 메소포타미아 신앙은 유대교에 큰 영향을 끼쳤는데, 이는 성경을 연구하는 학자들에게 많은 논란거리를 제공했다. 구약성경에 언급된 창세 설화가 그보다 오래된 메소포타미아 신앙과 놀랄 만큼 흡사했기 때문이다.

세상에서 가장 오래된 신화

✚

수메르는 인류 최초의 문명을 일군 지역으로 유명하다. 수메르인이 믿었던 종교의 역사도 가장 오래되었다. 수메르인이 사라지고 나서도, 그들이 남긴 신화는 아카드인과 가나안인, 바빌론인과 유대인 등 후세의 다른 민족들에게 전승되어 큰 영향을 끼쳤다.

그러나 수메르 신화의 원형은 수수께끼에 휩싸여 있다. 수메르 신화의 원전 〈에리두 창세기Eridu Genesis〉는 점토판에 적힌 상태로 발굴되었는데, 그중 상당수가 파손되어서 그 내용을 알 수 없기 때문이다. 그나마 현재 남아 있는 점토판을 해독하여 알아낸 수메르 신화의 줄거리는 이렇다.

수메르의 신화와 역사가 기록된 점토판 유물.

태초부터 존재했던 바다의 여신 '남무'는 스스로의 힘으로 하늘의 신 '안'과 대지의 여신 '키'를 낳았다. 안은 키와 결혼하여 엔릴과 엔키, 닌릴을 비롯해서 수많은 신을 낳았고, 안과 키의 자녀 신들은 서로 남신과 여신끼리 짝을 지어 다른 자녀 신들을 낳아서 지금의 세상을 이루었다. 안은 최고의 신이 되었으며, 두 아들인 엔릴과 엔키에게 지상을 다스리게 했다.

수메르 문명 이후에 등장한 바빌론 신화는 수메르 신들을 이름만 약간 바꾸어서 거의 그대로 가져왔다. 안은 아누Anu, 엔키는 에아Ea, 엔릴은 엘릴Elil, 이난나는 이쉬타르Ishtar, 우투는 샤마쉬Shamash, 난나는 신Sin이라고 했다. 바빌론 신화를 기록한 〈에누마 엘리시Enuma Elish〉에서는 바빌론인들의 최고 신인 마르두크Marduk를 부각시켜 창세 설화를 더욱 드라마틱하게 포장했다.

아주 먼 옛날, 세상에는 오직 민물의 신 압수Apsu와 짠물(바다)의 여신 티아마트Tiamat, 생명의 신 믐무Mummu만이 있었다. 이들 중 압수와 티아마트는 부부가 되어 수많은 신을 낳았다. 그런데 압수와 티아마트의 후손인 아누와 에아 등이 너무나 시끄럽게 굴며 부모를 괴롭혔다. 압수는 자손들이 큰 소음을 일으켜 평화를 어지럽히자 이들을 죽이려 했지만, 이 사실을 안 에아가 먼저 선수를 쳐 압수를 죽이고 믐무를 가둬버렸다. 이에 분노한 티아마트는 자신이 낳은 괴물인 용, 뱀, 사자, 전갈 등으로 이루어진 대군을 이끌고 후손들을 멸망시키려 했다. 그러나 에아의 아들이자 마법의 신인 마르두크가 나서서 티아마트를 죽이고, 그녀의 몸으로 하늘과 땅과 강과 별 등 지금의 세계를 만들었다.

〈에누마 엘리시〉는 어떤 신도 감히 티아마트에 맞서 싸울 용기를 내지 못했는데, 오직 마르두크만이 홀로 티아마트를 죽이고 신들을 지켰다고 기록했다. 그래서 다른 신들은 마르두크를 최고의 지도자로 숭상하게

수메르의 신들

남무Nammu : 신들 중 가장 오래된 존재이며, 바다와 짠물의 여신. 바빌론 신화의 티아마트.

안An : 하늘의 신. 수메르 신화 최고의 신. 바빌론 신화에서 마르두크에게 최고 신의 자리를 내준다.

키Ki : 땅의 여신이자 안의 아내.

엔릴Enlil : 대기의 신이자 안의 아들.

닌릴Ninlil : 바람의 여신이자 엔릴의 아내.

엔키Enki : 지혜의 신이자 안의 또 다른 아들.

난쉬Nanshe : 엔키의 딸로 정의와 예언과 고기잡이의 여신.

난나Nanna : 달의 신.

닌갈Ningal : 갈대밭과 습지의 여신.

우투Utu : 태양신.

에레쉬키갈Ereshkigal : 지하세계와 저승의 여신. 이난나의 언니.

이난나Inanna : 사랑과 수확, 전쟁의 여신.

두무지Dumuzi : 이난나의 남편. 식물의 신.

루랄Lulal : 이난나의 아들이자 도시의 수호신.

아마타운타Amathaunta : 먼 바다의 여신. 남무와 동일한 신인지는 알 수 없다.

아사루루두Asaruludu : 보호의 신.

아쉬난Ashnan : 곡물의 여신.

엔두르사가Endursaga : 전령의 신.

엔메사라Enmesarra : 법의 신.

엔누기Ennugi : 엔릴의 시종.

엔쉬아그Enshag : 질병의 신.

가툼다그Gatumdag : 풍요와 부의 여신.

기빌Gibil : 불의 신.

카브타Kabta : 벽돌과 곡괭이의 신.

구나라Gunara**와 하하누**Hahanu : 이름만 등장하는 신. 역할은 알 수 없다.

엔릴과 그의 아내인 바람의 여신 닌릴.

수메르인들이 특별히 중시했던 이난나 여신의 부조. 수메르인들은 이난나가
성욕과 풍요의 여신이라고 믿었다. 남녀의 성행위가 출산과 번식으로 이어지듯이 자연에도
풍요를 가져다준다고 생각했다. 그래서 이난나 여신을 경배하는 행사에서는 남녀 간의
집단 성행위가 벌어졌다.

바빌론인들이 최고의 신으로 숭배했던 마르두크의 부조.

되었다는 것이다. 실제로 바빌론 시대에 가장 열렬한 숭배를 받은 신은 마르두크였다. 바빌론인들은 마르두크가 우주의 신비한 비밀을 알고 있다고 해서, 그를 점성술의 창시자로 여겼다.

하늘의 신이 바다의 용을 죽여 세계의 평화와 질서를 지킨다는 내용의 신화는 바빌론 신화에서 처음 등장하여 주변 지역으로 전파되었다. 시리아 북부 우가리트 지역의 신화에는 용 모습을 한 바다의 신 야무를 바알 신이 곤봉으로 때려죽이는 내용이 있다. 이 부분은 구약성경에서 유대인들의 신 야훼가 바다 괴물 레비아탄을 죽이는 이야기로 살짝 바뀌었다. 오늘날 유대교, 기독교, 이슬람교의 경전이 된 구약성경에 들어간 이 설화의 기원은 바로 바빌론에서 비롯된 메소포타미아 신화였다.

창세 설화

대부분의 종교나 신화들은 인간이 신의 사랑을 받기 위해 만들어졌다고 말한다. 여기에는 인간을 중시하는 휴머니즘적인 사고가 담겨 있다. 그러나 수메르 신화는 정반대의 이야기를 한다. 신이 인간을 창조한 이유는 사랑을 베풀기 위해서가 아니라, 신을 대신해 힘든 노동을 하도록 하기 위해서다. 인간 중심의 사고방식이 아닌, 철저히 신 중심의 사고방식이다. 수메르 신화를 기록한 〈아트라하시스Atrahasis〉에서는 인간 창조를 다음과 같이 설명한다.

안과 엔릴, 엔키 등은 그들의 아들들인 젊은 신들에게 운하를 파고 밭을 갈라는 지시를 내렸다. 그러나 젊은 신들은 땅을 가는 노동이 힘들어 큰 불만을 품었고, 웨이라 신이 그들을 선동해서 엔릴의 신전을 습격하는 반란을 일으켰다. 엔릴로부터 이 소식을 들은 최고 신 안은 젊은 신들의 고통에 동정심을 느껴서, 그들 대신 땅을 파는 일을 할 존재인 인간을 만들기로 결정했다. 그리고 지혜의 신 엔키는 젊은 신들을 선동해서 반란을 일으킨 웨이라 신을 죽이고 그의 살과 피에 찰흙을 섞어서 인간을 창조했다. 그렇게 태어난 인간은 신들 대신 운하를 파고 밭을 갈아야 하는 의무를 떠안게 되었다.

바빌론 신화를 기록한 〈에누마 엘리시〉의 창세 설화도 비슷하다. 마르두크가 티아마트의 편에 선 사악한 신 킹구Kingu를 죽인 후 그 피와 진흙을 섞어, 땅 위에 살면서 신들을 숭배할 인간을 만들었다. 그리고 마르두크는 인간에게 신을 위해 농사를 짓고 수확한 곡식들을 제물로 바치라고 명령했다.

이러한 수메르 신화는 수메르인의 자화상을 반영한다. 수메르인은 메소포타미아 지방의 토지를 경작하면서 운하와 수로를 만들었다. 신들도 자신들처럼 고된 노동을 하다 견디지 못하고 상위 신들에게 반란을 일으켰으리라는 상상을 담아 신화를 만든 것이다. 일부 학자들은 수메르 노동자들이 중노동과 낮은 임금 등 열악한 대우를 견디다 못해 파업을 일으켰던 역사적인 사실이 반영됐을 것이라고 추측하기도 한다. 실제로

구약성경에 기록된 바벨탑의 모습을 상상해서 그린 그림.
바벨탑의 본래 이름은 바빌론어로 신들의 문이라는 뜻의 '밥일루'다.
바벨탑은 바빌론의 사제들이 높은 곳에 올라가서 신들을 경배하기 위한 성전이었다.
네덜란드 화가 피터르 브뤼헐Pieter Brueghel의 1563년 작품 〈바벨의 탑〉.

수메르 말기에는 우르카기나Urkagina 왕이 노동자들과 가난한 사람들의 처우를 개선하는 개혁을 시도하기도 했다.

　일설에 의하면 이 웨이라(혹은 킹구)가 바로 유대교와 기독교에서 말하는, 신에게 반역하여 악마가 된 천사 '루시퍼'의 원형이라고 한다. 실제로 오랫동안 유대교와 기독교, 이슬람교 교단에서는 '어떻게 완벽하고 순수한 신이 다스리는 천국에 살면서 감히 신에게 반란을 일으키는 천사가 나왔단 말인가?' 하는 논쟁이 끊이지 않았다. 거의 2000년이 넘도록 계속된 이 논쟁은 아직도 끝나지 않았다. 혹시 이들이 루시퍼의 원형이 된 웨이라를 모르고 있기 때문은 아닐까? 루시퍼의 존재를 믿는 사람들은 자신도 모르게 오늘날까지 고대 수메르 신앙의 흔적을 굳게 지키고 있는 셈이다.

　수메르와 바빌론 신화의 창세 설화는 '인간은 신에게 철저히 종속된 존재'라는 내용을 담고 있다. 인간은 신을 대신해 고된 노동을 하며 신에게 봉사하는 노예에 불과하고, 노동을 거부할 권리조차 없다. 애초에 인간이 만들어진 목적이 신을 대신해 일하는 데에 있었기 때문이다. 원시 종교에는 문명이 발달하지 못했던 시절, 홍수, 폭풍, 지진, 벼락 같은 대자연의 힘을 신으로 모셔 재앙에서 벗어나고자 했던 인간의 두려움이 담겨 있다. 따라서 수메르 신화 같은 고대 신앙에서는 당연히 신의 힘과 공포가 강조되며, 신이 베푸는 사랑은 거의 언급되지 않았다.

홍수 설화

✣

수메르와 바빌론 신화에도 홍수 설화가 있다. 수메르 신화에서는 신을 섬기는 사제인 '지우수드라Ziusudra'가 엔키로부터 계시를 받아, 인간의 소음에 분노한 신들이 장차 대홍수를 일으켜 인간을 세상에서 쓸어버리려 한다는 사실을 알고 나무 방주에 가족들을 태워 살아남았다는 내용이 있다. 방주는 약 7일 동안 계속된 대홍수를 무사히 버텨냈다. 지우수드라가 목숨을 건진 데 감사하며 신들에게 소와 양을 제물로 바치자, 이에 감동한 신들은 그를 낙원인 딜문Dilmun으로 보내 영원한 생명을 주어 축복한다.

바빌론 신화의 홍수 설화를 담은 〈에누마 엘리시〉도 그 내용과 구조는 수메르 신화와 비슷하다. 다만 수메르 신화보다 나중에 만들어졌기 때문에 내용이 좀 더 구체적이다. 방주에 탄 생존자의 이름은 지우수드라에서 우트나피쉬팀Utnapishtim으로 바뀌었고, 계시를 내린 신은 엔키의 바빌론식 이름인 에아가 되었다. 우트나피쉬팀은 엔키의 지시대로 방주를 만들어 자신과 가족은 물론 지상의 동물들을 태우고 물바다가 된 세상을 6일 동안 떠돌아다니다가 니시르Nisir 산에서 멈추었다. 우트나피쉬팀은 제비, 비둘기, 까마귀를 잇달아 보내 물이 빠졌음을 알아채고 가족과 동물들과 함께 방주를 나와, 신들에게 감사의 제사를 지낸다. 그리고 그도 지우수드라처럼 신들의 은총으로 불사신이 되어 낙원에서 살아갔다. 그 소문을 들은 길가메시가 우트나피쉬팀을 찾아가자, 그는 영원한

노아의 대홍수 때 지상의 모든 동물을 태웠다는 방주를 상상한 그림.
노아의 대홍수 설화는 수메르와 바빌론의 홍수 설화에서 유래했다.
미국 화가 에드워드 힉스Edward Hicks의 1846년 작품.

생명을 얻을 수 있는 길을 가르쳐준다.

　〈길가메시 서사시〉보다 후대에 기록된 구약성경 속 노아의 대홍수는
다분히 수메르와 바빌론의 대홍수 설화에서 영향을 받았다. 먼저 노아는
지우수드라나 우트나피쉬팀처럼 신을 섬기는 성직자이다. 신은 대홍수
가 일어난다는 사실을 노아에게만 알리며, 노아와 그 가족, 지상의 동물

들을 태울 방주를 짓게 한다. 방주가 아라랏Ararat 산에서 멈추자, 노아는 까마귀와 비둘기를 보내서 물이 빠졌음을 확인한 뒤 지우수드라처럼 감사의 제물을 바치고 신의 축복을 받는다. 다른 대홍수 설화와 비교해 보면 노아의 대홍수는 수메르와 바빌론의 대홍수 설화를 그대로 가져다가 등장인물의 이름과 내용만 약간 바꿔서 성경에 실은 것으로 보인다.

최초의 영웅 설화
길가메시와 엔키두

✛

수메르와 바빌론 신화에는 인류 최초의 영웅인 길가메시Gilgamesh에 대한 서사시도 포함되어 있다. 이 두 신화에서 설명하는 길가메시 서사시 Gilgamesh Epoth의 줄거리는 대체로 이렇다. 도시국가 우르의 왕 길가메시는 엄청난 힘을 지닌 인물로, 신과 인간의 피를 모두 이어받았다. 그는 신들이 만든 야생 인간 엔키두Enkidu와 싸우다 우정을 느끼고 친구가 된다. 길가메시와 엔키두는 북쪽 숲에 사는 괴물 '후와와Humbaba'를 물리치고, 숲의 나무를 베어 우르로 돌아간다. 도중에 길가메시는 사랑과 전쟁의 여신인 이쉬타르(이난나)를 만나 사랑의 고백을 듣지만, 거부하고 그녀를 늙은 창녀라고 모욕한다. 이에 분노한 이쉬타르는 하늘의 신인 아누에게 복수를 요청하고, 아누는 그녀의 부탁에 따라 하늘의 성스러운 황소를 보내서 우르를 파괴하도록 명령한다. 황소가 미쳐 날뛰며 수많은

길가메시 조각상. 실제 수메르 역사를 기록한 점토판에서 그의 이름이 보인다. 실존 인물이 후세로 전해지면서 신격화된 것으로 추정된다.

집을 부수고 백성들을 살육하자, 이에 길가메시와 엔키두는 힘을 합쳐 황소를 죽인다. 하늘의 황소는 신들이 아끼는 성스러운 동물이었으므로, 신들은 엔키두를 벌하여 죽게 한다. 친구의 죽음으로 슬픔에 빠진 길가메시는 죽음의 공포를 느끼고, 죽지 않을 방법을 궁리한다. 그러다가 신들이 일으킨 대홍수 때 살아남은 현자가 있다는 말을 듣고 그를 찾아 나선다. 그렇게 우트나피쉬팀을 만난 길가메시는 간곡한 부탁 끝에 불로불사의 풀을 얻는다. 이 풀을 가지고 우르로 돌아가던 중, 잠깐 목욕을 하러 물에 들어간 사이 뱀 한 마리가 나타나 불로불사의 풀을 훔쳐 달아나버린다. 풀을 잃어버린 길가메시는 인간은 결국 죽을 수밖에 없다는 숙명을 깨닫고 힘없이 고향으로 돌아간다.

뱀이 인류에게 주어진 영원한 생명을 훔쳤다는 길가메시 설화는 그 후 중동의 다른 종교와 신화들에 큰 영향을 끼쳤다. 유대교와 기독교, 이슬람교에서 한결같이 뱀을 악마의 화신인 나쁜 동물로 여기는 것도 길가메시 설화에서 뱀이 악역으로 등장했기 때문이다.

유대교, 기독교,
이슬람교의 원형

✚

구약성경이나 그리스 신화 등에 비하면 오늘날 수메르와 바빌론 신화는 그리 많이 알려지지도 않았고 관심도 별로 받지 못한다. 하지만 두 신화가 후대의 종교나 신화에 끼친 영향은 결코 적지 않다.

인간이 신에게 복종하는 노예로서 존재한다는 수메르와 바빌론 신화의 신본주의적 개념은 유대교로 이어지고, 유대교를 계승한 기독교와 이슬람교에서도 반복되었다. 신본주의는 인간이 우주의 중심에 있다는 인본주의에 반기를 들며, 인간은 자신보다 높은 존재를 두려워하고 스스로 겸손해야 한다는 가르침을 전한다. 할리우드 영화에서 자주 나오는 '신(혹은 미지의 존재)에 섣불리 도전했다가 큰 재앙을 당하는 어리석은 인간' 설정도 고대 수메르와 바빌론 신화의 신본주의적 가치관에서 비롯한 것이다.

또한 대홍수 설화와 뱀이 인간에게 주어진 영원한 생명을 빼앗았다는 내용도 구약성경에서 '노아의 대홍수'와 '에덴동산의 과일'이라는 테마로 오늘날까지 이어지고 있다.

한편 매년 겨울에 두무지Dumuzi가 죽고 그를 찾기 위해 이난나가 지하세계로 내려갔다가, 봄이 되면 두무지와 함께 돌아와 풍요로운 한 해의 수확을 이룬다는 수메르 신화 역시 훗날 그리스로 전해져서 미소년 아도니스와 여신 아프로디테의 신화로 변형되었다.

에덴 동산에서 뱀의 유혹에 빠져 선악과를 먹고, 이를 아담에게 전해주는 하와.
이처럼 뱀이 인간을 유혹하여 영원한 생명을 얻을 기회를 빼앗았다는 설화는 수메르와 바빌론 신화에
기원을 둔다. 일설에 의하면 현재의 바레인이 고대 수메르 시절에 딜문이라 불렸는데,
딜문은 물과 숲이 풍부한 아름다운 섬이었고, 그래서 에덴 동산 전설의 기원이 되었다고 한다.
네덜란드 화가 페터르 파울 루벤스Peter Paul Rubens의 1615년 작품 〈에덴 동산에서의 인간의 파멸〉.

지금까지 살펴본 것처럼 수메르와 바빌론 신화야말로 그리스 신화와 구약성경의 원형이라고 할 수 있다. 옛 신들은 사라지지 않았다. 이름만 바꾸어 우리 곁에 계속 머물고 있는 것이다. 단지 우리가 그 사실을 잘 모를 뿐이다.

2015년 기준 세계 인구는 약 74억 명이며, 그중 약 38억 명 이상이 구약성경에 기반을 둔 유대교, 기독교, 이슬람교를 믿고 있다. 유대인 은 선진 문명이었던 수메르와 바빌론의 신앙에서 많은 요소를 빌려 구 약성경을 썼다. 즉, 고대 수메르인과 바빌론인의 종교에서 유대교가 태 어났고, 그 유대교에서 다시 기독교와 이슬람교가 만들어져 세계 역사 와 문화에 지울 수 없는 거대한 흔적을 남겼다. 수메르와 바빌론의 고 대 신앙은 그 모습만 바꾸었을 뿐 오늘날까지 세계 역사를 움직이고 있 다고 할 수 있다.

오르페우스교 신도들은 인간이 죽은 뒤에도 그 영혼은 남아서 다른 인간이나 동물로 계속 태어난다는 환생론을 신봉했다. 인간이 죽으면 육체는 썩어서 사라지지만, 영혼은 저승과 달과 태양을 떠돌다가 다시 사람의 몸속으로 들어가서 새로운 삶을 얻는다고 믿었다. 그렇기 때문에 영혼은 결코 사라지지 않는 불멸의 존재이며, 잠시 존재하다가 썩어 없어질 육체보다 영혼이 훨씬 중요하다고 생각했다. 이러한 인식도 그들이 육체적 욕망을 최대한 억제했던 이유 중 하나였다.

오르페우스
신   앙

환 생 과   윤 회

"육체의 한계를 극복해야만, 인간은 비로소 자유로워질 수 있다."
-오르페우스 신앙 교리에서

헤라클레스나 테세우스 등에 비해 잘 알려져 있지는 않지만, 그리스 신화에는 오르페우스라는 영웅이 등장한다. 오르페우스는 그리스 본토 출신이 아닌, 오늘날 불가리아 지역에 해당하는 그리스 북부 트라키아 출신이다. 그는 시의 여신 뮤즈 중 한 명인 칼리오페와 트라키아의 왕 오이아그로스의 아들로 음악의 힘을 통해 수많은 모험을 겪었다. 그의 아버지가 음악의 신 아폴론이라는 말도 있는데, 이는 그리스 신화가 여러 갈래로 전승된 데다 유명한 영웅은 진짜 아버지가 인간이 아닌 신이라는 설정이 널리 퍼져 있었기 때문이다.

로마 시대에 제작된 오르페우스 모자이크 벽화.

세상을 움직이는 음악의 힘

✚

고대 사람들은 시와 노래를 별개로 생각하지 않았다. 시가 곧 음악이요, 노래였다. 그래서 고대 음유시인들은 시를 운율에 맞춰 부르는 가수이기도 했다. 뮤즈 역시 시뿐만 아니라 노래와 음악을 주관하는 여신이었다.

시와 음악의 여신에게서 태어난 오르페우스는 음악에 천부적인 재능이 있었다. 그가 하프를 연주하며 노래를 부르면, 새가 날아오고 물고기가 춤을 추며 동물들이 몰려와서 음악을 감상했다. 강물도 물소리를 멈추고 나무들도 그의 노래를 듣기 위해 휘어질 정도였다.

신기에 가까운 음악 실력을 지닌 오르페우스는 이아손과 헤라클레스 등 유명 영웅들이 황금 양털을 찾기 위해 대거 출정한 아르고스 원정대에 참여하기도 했다. 그는 떠돌아다니는 암초 쉼플레가데스를 음악으로 잠재워 아르고스호가 무사히 해협을 빠져나가도록 도왔고, 사악한 요정 세이렌의 노래에 맞서 자신의 노래를 들려주어 영웅들을 위험에서 구했다. 또 황금 양털을 지키는 용을 노래로 잠재워 큰 공적을 세웠다.

물리적 힘이 아니라 음악을 사용해 고비를 넘기는 오르페우스의 이야기는 마치 마법 같다. 실제로 고대인들은 신의 경지에 이른 최고의 음악이 듣는 사람의 마음을 움직이고 동물과 식물을 매료시키며 날씨마저 조종한다고 믿었다. 무협지에 소개되는 음공音攻이라는 무술은 음악의 힘으로 상대를 제압하는 기술인데, 오르페우스가 하프를 연주하며 노래를 불러 괴물을 진정시키고 모든 생물을 매혹시켰다는 그리스 신화의

고대 그리스의 항아리에 그려진
하프를 연주하는 오르페우스.

오르페우스가 연주하는 음악은 곧
모든 생물과 사물마저
조종할 수 있는 신비한 마법의
힘이기도 했다.

내용이 바로 그 원천이라 할 수 있다.

죽음 이후의 세계로

오르페우스는 살아 있는 인간의 몸으로 저승을 다녀오기도 했다. 그의
아내 에우리디케가 독사에게 물려 죽자, 슬픔을 이기지 못하고 저승의
신 하데스와 만나 아내를 돌려보내달라는 담판을 짓기로 결심하고 직접
저승으로 향했다.

　저승의 입구를 지키는 삼두견 케르베로스, 저승에 흐르는 스틱스 강의
뱃사공 카론, 고문을 받던 죄인 탄탈로스와 익시온까지 모두 오르페우스
가 연주하는 하프와 노랫소리에 넋을 잃고 눈물을 흘렸다. 하데스도 사
랑하는 아내를 되찾기 위해서 용감하게 저승까지 온 오르페우스의 용기
와 아름다운 노래에 감동하여 에우리디케를 돌려보내기로 결심했다. 단,
오르페우스가 아내를 데리고 이승으로 들어가기 전까지는 결코 뒤돌아
보아서는 안 된다는 조건을 덧붙였다. 오르페우스는 하데스의 자비에 감
사하며 에우리디케를 데리고 이승으로 향했다. 이승으로 들어가기 직전
아내가 무사히 있는지 조바심이 난 오르페우스는 그만 무심코 뒤를 돌
아보았다. 그 순간 에우리디케는 저승으로 떨어져버리고 만다. 놀란 오
르페우스는 다시 저승으로 내려가려 했지만, 이번에는 하데스가 자비
를 베풀지 않았다. 저승의 문은 굳게 닫혀 도저히 들어갈 수 없었다. 슬

트라키아 여인들에게 구타당해 죽음을 맞는 오르페우스.
독일 화가 알브레히트 뒤러Albrecht Dürer의 1494년 작품.

푼 마음을 부여안고 고향으로 돌아온 오르페우스는 상심하여 다른 여자들에게 관심을 주지 않았다. 트라키아의 여자들은 자신들의 구애를 무시하는 오르페우스에게 화가 나서 그를 찢어 죽였다. 하지만 오르페우스의 머리는 살아남아서 계속 노래를 불렀다.

환생 사상

오르페우스를 신으로 섬기는 오르페우스 신앙은 대략 기원전 6세기 무렵 그리스 남부 지역에서 나타났다. 오르페우스 신앙에서는 살아 있는 인간의 몸으로 저승에 다녀오고, 죽어서도 계속 노래를 부르는 신비한 음악의 힘으로 자연과 생물과 신들마저 감동시켰던 오르페우스가 신이 되었다고 주장했다. 그리고 오르페우스가 살아생전 인류에게 영원히 행복한 삶에 이를 수 있는 비밀을 가르쳐주었다며 사람들을 끌어 모았다.

대지의 여신 가이아가 모든 신을 낳았다는 기존의 올림포스 신앙(우리가 알고 있는 그리스 신화)과 달리, 오르페우스 신앙에서는 시간의 신 크로노스 Chronos가 태초의 시작이었다고 가르쳤다. 크로노스는 '스스로 존재하는 자'라는 뜻의 파네스Phanes를 낳았는데, 이 파네스는 어둠, 하늘, 땅 등 자연을 구성하는 수많은 신을 낳아 세상을 만들었다. 파네스는 제우스를 낳았는데, 제우스는 파네스를 삼키고 강력한 힘을 얻어 세계를 지배하게 되었다. 제우스는 자신의 누이 데메테르와 결혼하여 아들 디오니소스를 낳는다. 제우스는 디오니소스를 후계자로 삼고, 그가 세계를 지배하는 왕이 되기를 바랐다. 그러자 사악한 신들인 티탄족은 디오니소스를 질투하여 그를 찢어 죽이고 시체를 먹어버렸다. 분노한 제우스는 벼락으로 티탄족을 모두 죽였다. 번개에 맞아 죽은 티탄족의 잿더미에서 인간이 태어났다. 이것이 오르페우스 신앙에서 말하는 세상과 인간의 탄생 설화다.

오르페우스 신앙에 따르면 인간은 선과 악의 결합으로 태어났다. 오르페우스교 신도들은, 악한 티탄의 몸이 타고 난 재가 인간의 몸을 이루었지만, 티탄에게 먹힌 선한 신 디오니소스가 인간의 영혼을 이루었다고 믿었다. 그래서 인간의 육체적인 욕망은 사악한 티탄에게 받았고, 영적인 미덕은 디오니소스가 주었다는 것이 오르페우스 신앙의 교리였다. 따라서 오르페우스교 신도들은 육체적 욕망을 사악한 것으로 간주하여 최대한 억제했고, 기도와 명상 같은 영적인 일에 많은 시간을 보냈다. 또한 육식을 절대 금하고 채식을 하며 살았다. 짐승을 죽여 고기를 먹는 일은 마치 티탄이 디오니소스를 찢어 죽여 그 시체를 먹었던 일과 비슷하다고 여겼다. 그래서 사악한 티탄처럼 육식을 하지 않고, 디오니소스의 어머니이자 대지의 여신인 데메테르가 인간에게 준 선물인 채소와 과일, 곡물을 먹으며 살아야 한다고 믿었다.

오르페우스교 신도들은 인간이 죽은 뒤에도 그 영혼은 남아서 다른 인간이나 동물로 계속 태어난다는 환생론을 신봉했다. 인간이 죽으면 육체는 썩어서 사라지지만, 영혼은 저승과 달과 태양을 떠돌다가 다시 사람의 몸속으로 들어가서 새로운 삶을 얻는다고 믿었다. 그렇기 때문에

죽임을 당했지만, 목은 계속 살아서 노래를 불렀다는 오르페우스 신화.
그는 이미 삶과 죽음을 모두 경험하고 한계를 초월한 신의 경지에 도달해 있었다.
영국 화가 존 윌리엄 워터하우스John William Waterhouse의 1900년 작품.

영혼은 결코 사라지지 않는 불멸의 존재이며, 잠시 존재하다가 썩어 없어질 육체보다 훨씬 중요하다고 생각했다. 이러한 인식 역시 그들이 육체적 욕망을 최대한 억제했던 이유 중 하나였다.

서양에서도 환생을 믿었다는 사실이 놀랍게 느껴질 수 있다. 그러나 고대 그리스 세계에서 환생을 믿었던 것은 오르페우스교 신자들만이 아니었다. 기원전 5세기 철학자 플라톤은 사람이 죽어도 영혼은 소멸되지 않고 계속 같은 형태의 생명체로 태어나지만, 죄를 저질러 타락한 인간은 미개한 짐승이 된다고 주장했다. 로마가 지중해의 패권을 장악한 이후에도 환생론은 한동안 계속 남아 있었다. 3세기경 로마 철학자 플로니토스는 살아 있을 때 훌륭한 업적을 남긴 사람은 다시 사람으로 태어나지만, 죄악을 저지른 자는 동물이 되어 인간에게 먹히거나 학대를 받는 비참한 삶을 산다고 주장했다. 불교에서 말하는 축생도와 비슷하다.

오르페우스 신앙은 신도들에게 지금보다 더 좋은 환경으로 환생하려면, 평소에 착한 일을 하면서 종교의식에 자주 참여하여 죄를 씻고 정화의 과정을 거쳐야 한다고 가르쳤다. 그렇게 미덕을 쌓는 삶을 살면 환생의 굴레에서 벗어나 영원한 행복을 누릴 수 있는 세계로 가서 산다는 것이었다. 오르페우스교에서 많은 영향을 받은 사람이 바로 수학자로 유명한 피타고라스다. 지금은 수학자로만 알려져 있지만, 피타고라스는 독특한 종교를 만들어내기도 했다. 피타고라스는 오르페우스교에서 가르친 것처럼 환생을 믿었다. 그래서 오르페우스교 교리대로 육식을 하지 않고 채식만 했다. 그는 또한 인간이 죽으면 그 영혼이 콩에 머무르다가 다른 인간이나 동물의 몸속에 들어가 새로운 생명체로 계속 태어난다는 윤회론을 신봉했기에, 영혼이 상처 입을 것을 우려하여 콩을 먹지 않았다고한다. 피타고라스 역시 사후에 추종자들에게 신으로 숭배받았다.

오르페우스교 신도들은 제우스를 비롯한 올림포스 신들이 태어날 때부터 신이었기 때문에 인간의 삶에 별로 관심이 없고 인간의 고통을 외

아테네 아카데미에서 수학을 탐구하는 피타고라스.
그는 음악과 숫자의 규칙적인 운율 속에 우주를 구성하는 원리가 담겨 있다고 믿었다.
이탈리아 화가 라파엘로 산치오Raphaello Sanzio의 1509년 작품 〈아테네 학당〉 중 부분.

면한 채 올림포스 산에서 자기들끼리만 즐겁게 산다고 여겼다. 반면 오르페우스는 인간이었기 때문에 기존의 올림포스 신들보다 인간을 더 잘 보살펴준다고 믿었다. 또한 살아 있는 인간의 몸으로 저승과 이승을 모두 오가고, 마법의 힘이 담긴 신비한 노래를 불러 신도 다스렸으므로, 오르페우스는 죽음을 극복한 영웅이자, 인간이면서도 인간의 한계를 초월한 신이 되었다고 여겼다. 무엇보다 오르페우스가 억울하게 죽었기 때문에 그의 영혼이 매우 강력한 힘을 지녔다고 믿었다. 한국의 무속신앙에서도 억울하게 한을 품고 죽은 사람들의 영혼(최영 장군, 사도세자 등)이 강력한 신이 되어 억울한 백성들을 보살펴준다는 믿음을 찾아볼 수 있다.

고대 그리스를 지배한 오르페우스 신앙

오르페우스 신앙은 고대 그리스인들에게 많은 영향을 끼쳤다. 철학자 플라톤이 주장한 관념론과 이원론은 육체를 악한 것으로, 영혼을 선한 것으로 간주하는 오르페우스 신앙의 이분법적 교리에서 영향을 받았다. 아울러 육식 금지와 채식, 환생을 주창한 오르페우스 신앙의 교리는 이후 마니교와 영지주의 같은 다른 종교에도 큰 영향을 끼쳤다. 또한 10세기 불가리아에서 나타난 보고밀파와 12세기 프랑스 남부의 카타리파 같은 기독교 이단 종파들도 물질로 이루어진 현세를 부정하고 영적 세계를 추구

프랑스 남부 툴루즈 지역에서 크게 유행했던 카타리파. 이들은 오르페우스 신앙과 마니교의 영향을 받아, 물질로 만들어진 현재의 세계 자체를 부정적으로 보았다. 결혼과 출산은 무의미하며 모든 전쟁은 나쁜 것이라고 설교했다. 십자군전쟁의 잇따른 패배로 실의에 빠져 있던 유럽인들에게 큰 인기를 얻었으나, 로마 교황청에 의해 와해되었다. 스페인 화가 페드로 베루게테Pedro Berruguete의 1499년 작품.

하는 교리를 가졌는데, 이 역시 다분히 오르페우스 신앙에서 영향을 받은 것이다.

오르페우스 신앙에서 비롯된 윤회와 환생에 대한 믿음은 고대 로마 전성기인 5세기까지 폭넓게 존재했다. 그러다가 로마 제국이 멸망한 5세기 말부터 기독교가 유럽을 지배하면서 환생의 교리는 철저히 부정당하고 사라졌다. 기독교에서는 전생이나 환생을 인정하지 않고, 인간에게는 오직 한 번의 삶만이 주어진다고 가르쳤다. 신의 절대성과 인간의 나약함을 강조하는 기독교 입장에서는 환생과 윤회를 믿는 것 자체가 인간이 불멸의 존재가 되어 신의 존엄성을 해치는 것이었다. 실제로 환생을 주요 교리로 삼은 힌두교에서는 인간이 수도를 통해 진리를 깨우치면 신보다 더 강력한 존재로 진화하며, 심지어 정신적 능력으로 신을 만들어낼 수도 있다고 한다.

이렇게 사라진 환생에 대한 믿음은 훗날 20세기 중엽 뉴에이지New Age라는 이름으로 뜻하지 않게 부활한다. 힌두교와 불교 등 동양 종교철학을 폭넓게 수용한 뉴에이지 운동은 두 번의 세계대전을 거치면서 정신적 빈곤과 물질만능적 세계관에 환멸을 느낀 서구인들 사이에서 큰 인기를 끌었다. 그동안 인간이 단 한 번의 인생을 살다 영원한 지옥에 떨어진다는 기독교적 교리에 반감을 느낀 서구인들이 환생과 윤회의 교리를 통해 좀 더 나은 내세를 염원하는 측면도 있다. 어쩌면 뉴에이지 운동은 서구인들 스스로 잊고 있었던 오르페우스 신앙을 다른 이름으로 부활시킨 것인지도 모르겠다.

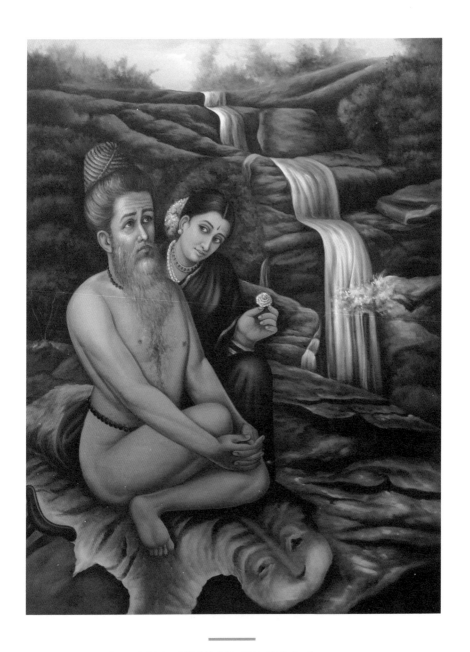

힌두교 경전《리그베다》에 등장하는 현자 비슈와미트라Vishwamitra.
그는 명상을 통해 아예 신과 천국을 만들어냈다고 전한다.
신은 인간의 정신 능력에서 만들어졌다는 인도 철학의 가르침을 보여준다.

세계 2대 종교와
오르페우스 신앙

✛

한편 인간의 욕망을 죄악시하고 순수한 초월적 세계로 도달할 것을 강조했던 오르페우스교의 사고는 뜻하지 않게 이후의 세계사에 큰 영향을 끼친다. 앞서 언급했듯이 그리스 철학자 플라톤이 오르페우스 신앙의 영향을 받아서 순수한 초월적 경지인 이데아idea 이론을 만들었는데, 이것이 바로 기독교에서 말하는 천국의 원형이 되었기 때문이다. 이 세상의 삶은 찰나이자 얼마 못 가 사라질 허상에 불과하며, 오직 영원불멸하고 순수한 세계인 천국에 가는 것만이 참된 삶의 목표라고 가르치는 기독교 교리는 플라톤의 이데아론에서 비롯되었고, 그 이데아론은 오르페우스 신앙에서 유래한 것이다.

이데아론은 이슬람권에서도 환영을 받았다. 어느 젊은 시아파 학자는 알렉산드로스 3세 관련 다큐멘터리를 촬영하러 이란에 간 영국의 BBC 방송사 취재진들에게 "그리스 사상은 이슬람에게도 무척 중요했습니다. 특히 우리 시아파에게는 더욱 그랬죠. 우리는 지금도 대학 교과 과정에서 그리스의 철학과 사상을 가르칩니다. 우리에게 플라톤은 신적인 인물이죠."라고 말하기도 했다《알렉산드로스, 침략자 혹은 제왕》, 마이클 우드, 남경태 옮김, 중앙M&B, 2002, 155쪽).

언뜻 보기에 이슬람교와 플라톤의 이데아론은 무관해 보이기도 한다. 하지만 이란같이 엄격한 이슬람 율법을 시행하는 나라들의 정책을 잘 살펴보면 이야기가 달라진다. 이슬람 국가들은 서구와 달리 세속적이고 쾌락적인 대중문화와 유흥거리들을 철저하게 금지하고, 신과 천국에 관련된 교리를 모든 국민에게 의무적으로 가르친다. 이는 이데아론이 이슬람교에 미친 영향에서 비롯한 것이다. 이데아론에 따르면 얼마 못 가 사라질 허상에 불과한 대중문화와 유흥에 빠지는 것은 매우 어리석은 짓이고, 마찬가지로 영원불멸한 천국에 가는 것이 최고의 목표인 이슬람교 교리에서도 하찮고 허무한 현실의 쾌락이나 유흥 따위는 가치가 없다.

이러한 플라톤식 사상이 현실 문제를 도외시하고 오직 천국 가기에만 몰두하는 광신도들을 만들었다는 비판도 있다. 그러나 순수하고 영원한 세계에 대한 믿음이 기독교와 이슬람교라는 세계 2대 종교를 만들었고, 그로 인해 2000년 동안 세계 역사에 절대적인 영향을 끼쳤다는 점에서 이데아론을 무시하기는 어렵다. 마찬가지로 이데아론이 오르페우스 신앙의 교리에서 영향을 받았다는 사실을 보면 결국 오르페우스 신앙이 기독교와 이슬람교에 영향을 끼쳐 세계사에 커다란 전환점을 만들었다고도 볼 수 있을 것이다.

조로아스터교의 교리는 다음과 같다. 선한 신 아후라 마즈다와 사악한 신 아흐리만은 서로의 본질대로 인간들을 지배하고 이끌려 한다. 아후라 마즈다는 인간을 지혜와 진실과 선함의 길로 인도하려 하며, 아흐리만은 거짓과 무지와 사악함의 길로 이끌려 한다. 만약 인간이 아후라 마즈다를 따른다면, 죽은 뒤에 아후라 마즈다가 사는 세계인 행복한 천국으로 향하게 되고, 반대로 아흐리만을 따른다면 죽은 이후에 아흐리만이 사는 세계인 무서운 지옥으로 떨어진다.

조로아스터교

선한 신과 악한
신 의 대 립

"1만 번의 기도문을 외우는 것보다 한 번의 경작이 더 많은 수확을 거둔다."

– 조로아스터교 경전《아베스타》에서

지금은 본고장 이란에서조차 신도 수가 3만여 명에 그칠 정도로(2016년 현재 이란 인구는 약 8000만 명) 그 흔적이 희미해졌지만, 조로아스터교는 고대에 매우 중요한 종교였다. 1000년 동안 서아시아를 지배했던 위대한 페르시아 제국의 종교였으며, 유일신을 믿는 3대 종교―유대교, 기독교, 이슬람교의 형성에 큰 영향을 끼쳤다.

현자 조로아스터

✚

조로아스터교는 말 그대로 현자 조로아스터Zarathushtra가 만든 종교다. 조로아스터는 신화적 인물이라 정확히 언제 태어나 언제 죽었는지 그 연대조차 확실치 않다. 기원전 15세기나 13세기 혹은 기원전 10세기라는 설 등이 다양하게 전해진다. 기록에 의해 조로아스터교의 성립을 확인할 수 있는 시기는 기원전 7세기 무렵이다.

조로아스터교의 창시자인 조로아스터. 그가 만든 종교는 비록 오늘날 매우 미약해졌으나, 그 핵심 교리들은 유대교와 기독교, 이슬람교에 고스란히 남아 있다.

조로아스터교의 경전《아베스타》에 따르면 조로아스터는 성직자 집안에서 태어났다. 7세가 되던 해에 집을 떠나 성직자를 양성하는 학교에 들어가 페르시아 신학 지식을 배웠다.

먼저 아후라 마즈다는 페르시아 전통 신앙과 조로아스터교에서 가장 중요한 신이다. 그는 태초부터 존재하면서 스스로의 힘으로 우주를 창조했으며, 모든 선함과 진실을 주관

조로아스터교 성립 이전의 페르시아 신들

아후라 마즈다 Ahura Mazda : 우주의 지배자이자 신들의 왕.

미트라Mithra : 태양과 정의와 계약의 신.

바흐람Bahram(혹은 **베레스라그나**Verethragna) : 승리와 전쟁의 신.

마오Mao : 달의 신.

바타Vata : 바람의 신.

티슈트리아Tishtrya : 비의 신.

아나히타Anahita : 물과 출산과 번식의 여신.

안드라바Andarva : 공기의 신.

아스만Asman : 하늘의 신.

아르야만Aryaman : 우정과 치료의 신.

바가Baga : 번영과 부유함의 신.

하디시Hadish : 농업과 농부들의 수호신.

파란드Parand : 행복과 부유함의 신.

수신나크Shushinak : 페르시아 제국의 수도 중 하나인 수사의 수호신.

테스바Teshba : 폭풍의 신.

바난트Vanant : 별들의 수호신.

아메흐Ameh : 승리와 영광의 여신.

알라툼Allatum : 지하세계의 여신.

아리스방Arishvang : 부와 경제활동의 수호여신.

이즈하Izha : 희생과 제사, 제물의 여신.

세판다르 마즈 Sepandar Maz : 지구와 생식력의 수호여신.

피티 람 Piti Ram : 평화의 여신.

드라바스파Drvaspa : 소와 어린이와 우정의 수호여신.

아스타드Ashtad : 인간을 선행으로 이끄는 여신.

조로아스터교의 최고 신 아후라 마즈다를 묘사한 그림.
페르시아인들은 그를 제국의 수호신으로 여기고 가장 높이 숭배했다.

페르시아 황제 샤푸르 1세(가운데)를 좌우에서 지켜주고 있는
미트라(왼쪽)와 아후라 마즈다.

한다. 또한 아케메네스 왕조부터 사산 왕조에 이르기까지 페르시아 제국을 지키는 수호신이기도 하다. 그래서 페르시아 황제들을 바위에 새긴 부조에는 항상 아후라 마즈다가 함께 들어갔다. 최고 신인 아후라 마즈다의 가호를 얻으려는 페르시아 황제들의 염원에서 비롯된 일이다.

아후라 마즈다 다음가는 위치에 있던 신은 미트라였다. 태양과 정의의 신이었던 미트라는 네 필의 말이 끄는 전차를 타고 하늘을 날아다니면서 세상에 빛을 전한다. 그는 모든 거짓에 맞서 싸우는 투사이며, 인간의 영혼을 보호해주는 수호신이기도 하다. 사산 왕조 시대로 가면 이런 미트라에 대한 존경이 더욱 높아져서, 아예 그를 섬기는 미트라교가 조로아스터교에서 갈라져 나오기도 한다.

미트라의 보좌관이기도 한 바흐람은 '베레스라그나'라고도 불리는 승리와 전쟁의 신이다. 그리스인들은 그를 영웅 신 헤라클레스와 동일시했다. 조로아스터교의 경전《아베스타》에도 그를 찬양하는 노래 '바흐람 야슈트'가 실려 있다. '바흐람 야슈트'에 의하면 바흐람은 악마와 악인을 제압하기 위해 열 번이나 변신을 했는데, 거센 바람이나 황금색 뿔을 가진 소, 백마, 갈가마귀 및 황금색 칼을 지닌 인간 등으로 변했다. 군사 관련 분야를 맡고 있어서 페르시아의 많은 황제와 장군들이 그의 이름을 자신에게 붙이며 전쟁의 승리를 기원했다. 한 예로 사산 왕조 말기 동부 국경을 침입한 돌궐족을 쳐부순 영웅 바흐람 추빈Bahram Chobin도 승리의 신 바흐람의 가호를 받기 위해 그의 이름을 사용했다.

여신 아나히타도 페르시아인들이 중시했던 신이다. 아나히타는 물과

물의 여신 아나히타를 새긴 은제 물병.

출산을 주관하는 여신으로, 세상에 물을 보내 땅 위 생물들이 살 수 있도록 자비를 베푼다. 또한 아나히타는 모든 남자와 여자의 정자와 자궁을 깨끗하게 하여 아이가 무사히 세상에 태어날 수 있도록 돕는다. 《아베스타》에서 아나히타를 찬양한 노래집 〈아반 야슈트〉에 의하면, 그녀는 황금으로 만든 100개의 별이 달린 왕관을 쓴 채 황금 귀고리와 목걸이를 하고 30마리 분량의 수달 모피로 만든 옷을 입고 있으며 1000개의 강과 수로, 수천 명의 군대를 거느렸다고 묘사된다. 아나히타는 사산 왕조 시대에 특히 높이 숭배되었다. 사산 왕조를 세운 아르다시르 1세의 할아버지 사산이 아나히타를 섬기는 성직자였기 때문이다.

조로아스터는 신학을 연구하면 할수록 기존의 다신 숭배에 회의를 느꼈다. 그래서 20세 무렵에 신학교를 나가 세상을 방랑하다가 30세에 어느 강가에서 '이 세상은 선하고 참된 신인 아후라 마즈다와 사악한 신인 아흐리만Ahriman의 전쟁터다. 인간이 구원을 얻으려면 아후라 마즈다를 따르고, 아흐리만을 멀리해야 한다'는 깨달음을 얻었다. 조로아스터는 이러한 깨우침을 47세까지 주위에 전파했다. 처음에는 무시당하기 일쑤였지만, 시간이 갈수록 점차 많은 사람들이 그의 가르침에 귀를 기울이기 시작했다. 이렇게 조로아스터가 자신이 설파한 가르침을 체계화하여 종교로 만든 것이 바로 조로아스터교다.

조로아스터는 조로아스터교를 만들면서 최고 신인 아후라 마즈다를 섬기고 세계와 인류를 지키는 존재인 '천사' 7명을 고안했다. 이러한 천사의 존재는 훗날 유대교에 큰 영향을 끼치고, 기독교와 이슬람교의 천사로 이어진다.

조로아스터는 기존의 페르시아 신들을 완전히 배격하지 않았다. 미트라나 아나히타 같은 신들도 계속 믿을 수 있게 했다. 대신 아후라 마즈다를 최고의 신으로 섬기면서 그를 가장 숭배해야만 죽어서 구원받아 천국에 갈 수 있다고 가르쳤다. 이러한 점에서 조로아스터교는 유대교, 기

조로아스터교의 천사 7명

아메샤 스펜타 Amesha Spenta : 인류의 수호자이자 최고의 천사.

보후 마나흐 Vohu Manah : 선함과 동물의 보호자.

아샤 바히스타 Asha Vahishta : 빛과 불을 지키는 천사.

크샤트랴 바이르야 Kshathra Vairya : 정의와 광물과 금속을 지키는 천사.

스펜타 아르마이티 Spenta Armaiti : 신성함과 땅을 감시하는 천사.

하우르바타트Haurvatat : 완벽함과 물을 지키는 천사.

아메레타트Ameretat : 영원함과 식물을 지키는 천사.

독교, 이슬람교 같은 엄격한 유일신 신앙은 아니었다.

조로아스터는 77세에 사망했는데 후계자는 그의 사위였다. 조로아스터는 슬하에 딸만 있고, 아들이 없었기 때문이다. 창시자가 죽은 후에도 조로아스터교는 계속 건재했다. 기원전 7세기 메디아 왕국에서 조로아스터교를 받아들였던 것이다. 또한 기원전 6세기 서아시아 지역을 통일한 페르시아 제국에서 조로아스터교를 국교로 삼음으로써 조로아스터교의 위상은 한층 굳건해졌다.

선과 악의 이원론

조로아스터교의 교리는 다음과 같다. 태초에 최고 신이자 선의 신 아후라 마즈다는 빛과 함께 존재했고, 사악한 신 아흐리만은 어둠 속에 존재했다. 아후라 마즈다는 전지전능하기 때문에 아흐리만을 알고 있었지만, 아흐리만은 무지하여 아후라 마즈다를 알지 못했다.

아후라 마즈다는 공허한 세상에 활력을 불어넣으며 살아갈 생명체들을 만들기로 결심했다. 그리고 총 6단계에 걸쳐 우주를 창조했다. 아후라 마즈다는 맨 먼저 하늘을 40일 동안, 그 다음 물을 55일, 땅을 70일, 식물을 25일, 동물을 75일, 마지막으로 인간을 70일 동안 창조했다. 한 번의 창조 작업이 끝날 때마다 아후라 마즈다는 5일 동안 휴식을 취했다. 이렇게 우주 창조는 1년의 일수, 365일에 걸쳐 진행되었다.

그러자 아후라 마즈다를 질투하던 아흐리만은 더위와 추위와 전염병, 뱀과 늑대와 파리 등 여러 사악한 존재들을 창조해 세상에 퍼뜨렸다. 아후라 마즈다가 아흐리만과의 전쟁에 대비하기 위해 여러 신과 천사와 별들을 만들자, 아흐리만도 그에 맞서 용과 마귀, 마녀와 악귀 등을 만들었다.

아후라 마즈다와 아흐리만은 서로의 본질대로 인간들을 지배하고 이끌려 한다. 아후라 마즈다는 인간을 지혜와 진실과 선함의 길로 인도하려 하며, 아흐리만은 거짓과 무지와 사악함의 길로 이끌려 한다. 만약 인간이 아후라 마즈다를 따른다면, 죽은 뒤에 아후라 마즈다가 사는 세계인 행복한 천국으로 향하게 되고, 반대로 아흐리만을 따른다면 죽은 이후에 아흐리만이 사는 세계인 무서운 지옥으로 떨어진다. 이 판결은 영원한 것이기 때문에 한 번 천국이나 지옥으로 가면 영원히 그곳에 있어야 한다.

시간이 흘러 말세에 이르면 이 세상은 아후라 마즈다가 태초에 정해 놓은 대로 최후의 전쟁과 심판에 휩싸인다. 아흐리만은 자신이 가진 모든 군대를 동원하여 아후라 마즈다와 전쟁을 벌이지만, 아후라 마즈다의 군대가 승리하여 아흐리만과 그를 따르는 모든 무리들을 영원한 지옥의 불구덩이에 던져 넣는다. 지상에는 사오시안트Saoshyant라는 구세주가 등장하여 인류를 구원하며, 아후라 마즈다가 다스리는 영원한 나라가 세워져 무한한 행복과 평화를 누리게 된다.

이러한 선과 악의 이원론이 조로아스터교가 담고 있는 핵심 교리였다. 읽어보면서 무언가 익숙한 느낌이 들지 않는가? 그렇다. 바로 기독교에서 말하는 최후의 심판과 거의 흡사하다. 아후라 마즈다와 아흐리만과 사오시안트라는 이름을 신과 악마와 예수 그리스도로 바꾸면 구별할 수 없을 정도로 닮았다. 이는 유대교와 기독교의 종말론이 조로아스터교의 영향을 받았기 때문이다. 또한 신이 6일에 걸쳐 세상을 창조하고 그다음에 쉬었다는 조로아스터교의 교리는 구약성경의 천지창조에 영향을 주었다. 안식일의 개념은 결코 유대인들이 독자적으로 창안해낸 것이 아니었다.

조로아스터교는 물과 흙과 불은 신성한 것이라고 가르쳤으며, 사람이 죽으면 그 시체를 물에 빠뜨리거나 땅에 묻거나 불에 태우지 못하도록 했다. 시체로 인해 자연이 더럽혀진다는 생각 때문이었다. 대신 사람의 시체는 '침묵의 탑'이라고 불리는 높은 탑 위에 올려놓아 독수리와 까마귀 등 새들이 살점을 뜯어먹게 한 뒤 뼈만 추려서 항아리나 관에 넣어 보관했다.

또한 '거짓'은 악한 신 아흐리만이 만들어낸 모든 죄악의 근원이라고 여겼으며 신도들에게 절대 거짓말을 하지 말라고 가르쳤다. 페르시아 황실의 아이들이 어릴 때부터 반드시 받아야 하는 교육이 승마, 활쏘기, 그리고 '언제나 진실만을 말하기'였다.

초창기의 조로아스터교는 신을 섬기는 신전을 평지에 짓지 않았다. 성스러운 존재인 신을 건물 안에 넣어두는 것을 불경하게 여겼기 때문이다. 대신 조로아스터교는 높은 산 위에 '아타쉬가'라고 부르는 불의 제단

비잔티움 제국 시절에 그려진 동방박사 모자이크 벽화. 그들이 바로 조로아스터교의 성직자인 마기였다. 이탈리아 라벤나Ravenna의 성 아폴리나레 누오보 성당Basilica of Saint Apollinare Nuovo에 그려진 모자이크 벽화.

을 쌓고, 거기서 소, 말, 낙타, 노새 등 짐승의 고기를 삶아 신에게 제물로 바치며 숭배 의식을 진행했다.

　조로아스터교의 사제는 '마구스Magus(복수형은 마기Magi)'라고 불렸는데, 마법을 뜻하는 영어 단어 매직magic이 여기서 유래했다. 신약성경을 보면 예수가 태어났을 때, 멀리 동방에서 황금과 몰약과 유향을 바치러 온 동방박사 세 사람이 나온다. 국내 번역성경에는 '동방박사'라는 단어로 되어 있지만, 그리스어, 영어 등 서구권 성경에서 는 '마구스Magus'로 표기되어 있다. 예수를 만나러 온 동방박사들은 조로아스터교의 사제였던 것이다.

마구스는 파충류나 해충, 해로운 새들을 아무런 거리낌 없이 죽였다. 성직자는 생명을 소중히 여길 거라 생각하는 것과는 상반된다. 하지만 조로아스터교에서는 인간을 해치는 동물들은 모두 사악한 신 아흐리만이 인간을 괴롭히기 위해 만들었다고 가르쳤다. 즉, 마구스들은 아흐리만에 맞서며 인간을 보호해야 할 의무가 있었기에 해로운 동물을 마구 죽였던 것이다.

또한 마구스는 결혼하여 아이를 갖는 일이 허락되었다. 다른 종교의 창시자들과 달리 조로아스터는 성욕이 인간의 지극히 자연스러운 본능이며, 성욕을 일부러 억누르기보다는 자연스럽게 결혼과 출산을 통해 해소하는 것이 더 적합하다고 여겼다.

조로아스터교는 200년 동안 세계 최강대국이었던 페르시아 제국의 종교였다. 페르시아 제국은 주변의 수많은 이민족들과 교류했는데, 이 과정에서 조로아스터교가 이방인들에게 알려졌다. 페르시아와 가장 가까웠던 그리스인들은 조로아스터교의 최고 신 아후라 마즈다를 자신들의 최고 신 제우스와 동일시했다. 이러한 생각은 그리스인과 로마인 모두 동일하게 갖고 있었다. 그들은 이민족의 신을 자신들의 신과 결부시켜 같은 존재로 여겼다.

페르시아와 교류한 중국인들은 조로아스터교를 배화교拜火敎라 불렀다. 이는 조로아스터교가 불을 숭배한다는 뜻에서 붙인 이름이다. 그러나 조로아스터교가 특별히 불 자체를 숭배한 것은 아니다. 단지 불이 영원히 빛나는 아후라 마즈다를 상징한다고 하여 성스럽게 여겼을 뿐인데 이것이 외부인들에게 마치 불을 숭배하는 것처럼 보였던 것이다. 천주교가 성모 마리아를 중요하게 여기는 모습이 외부인들에게 마치 마리아를 숭배하는 것처럼 잘못 비추어지는 것과 마찬가지다.

조로아스터교는 페르시아인 이외의 다른 민족을 대상으로 한 선교에는 그다지 관심을 보이지 않았다. 이는 조로아스터교에 영향을 받은 유대교, 기독교, 이슬람교가 선교에 열중했던 것과는 매우 다른 모습이다. 페르시아가 다른 민족에게 조로아스터교를 강요하거나 이방 민족의 신앙을 금지시키지 않고 관대하게 대했기 때문일까? 아니면 조로아스터교의 성스러운 가르침을 미개한 이방인에게 섣불리 전하면 불경스럽다고 여겼기 때문일까?

<h2 style="text-align:center">알렉산드로스의
침공으로부터 살아남다</h2>

기원전 330년, 페르시아 제국은 그리스 연합군의 총사령관이자 마케도니아의 왕인 알렉산드로스 3세에게 멸망당한다. 그에 따라 페르시아의 광대한 영토는 알렉산드로스 3세와 그를 섬기던 그리스인들의 지배를

받았다. 그리스인을 미개하고 야만스럽다며 멸시했던 자존심 강한 페르시아인들에게는 매우 충격적이고 불쾌한 일이었다. 영국의 BBC 다큐멘터리 제작진들이 이란에서 직접 마구스를 만나 알렉산드로스 3세에 대한 질문을 하자 이런 답변이 돌아왔다.

> 그리스인이나 당신네 유럽인들에게는 그가 대왕일지 모르지만, 우리는 그를 악마라고 부르죠. 왜냐하면 그는 우리 신전을 불태우고 우리 사제를 살해했으며 우리 아이들을 강제로 그리스 병사와 결혼시켜 정체성을 잃어버리도록 했기 때문이에요. 게다가 그는 송아지 가죽 1만2000장에 황금으로 글씨를 쓴 우리의 가장 귀중한 성서 《아베스타》를 없애버렸죠. 그러니 우리가 어떻게 그를 대왕이라 부르겠습니까? 우리에게 그는 악마예요. 그렇기 때문에 우리는 그를 '이스칸데르 구자스테'라고 부르죠. 알렉산드로스는 저주받은 자입니다."《알렉산드로스, 침략자 혹은 제왕》, 152쪽)

위의 이야기는 마구스와 조로아스터교가 알렉산드로스 3세의 정복에 대해 갖고 있는 이미지를 잘 나타낸다. 물론 마구스의 말은 사실일 수도 있고, 사실과 다를 수도 있다. 그의 말대로 알렉산드로스 3세가 조로아스터교 건물을 불태우고 사제들을 죽이고 경전을 없앴을 수도 있다. 하지만 조로아스터교는 사라지지 않았다. 그리스인들은 페르시아인들이 섬기는 신 아후라 마즈다와 미트라를 자신들의 신 제우스나 헬리오스와 같은 신이라고 여겼기 때문에 조로아스터교를 특별히 탄압하지 않았다.

알렉산드로스 3세가 불태워버린 페르세폴리스 유적지.
이곳에서 조직적인 방화의 흔적이 발견되었다. 알렉산드로스 3세가
페르시아 제국의 멸망을 알리기 위해 일부러 불을 질렀던 것이다.ⓒ Elnaz Sarbar

따라서 일부 학자들은 알렉산드로스 3세가 조로아스터교의 경전《아베스타》를 불태웠다는 이야기를 의심한다. 훗날 로마 제국과 빈번한 전쟁을 벌였던 사산 왕조가 알렉산드로스 3세를 로마 제국의 황제들과 동일시하면서 서방인들(그리스와 로마인)에 대한 적개심을 부추기기 위해 일부러 그런 이야기를 만들었다고 봐야 한다는 것이다.

그리스의 지배는 약 200년 후, 스키타이족의 후손인 파르티아인에 의해 끝났다. 파르티아인들은 초기에는 그리스 신들을 숭배하다가 후기에는 조로아스터교로 기울었지만 특정 신앙을 강요하거나 박해하지는 않았다. 페르시아인들은 조로아스터교를 믿는 파르티아인을 그리스인보다는 좀 더 페르시아인에 가깝다고 생각했지만 여전히 이방인으로 취급했다.

사산 왕조 치하의
조로아스터교

약 500년 동안 그리스와 파르티아의 지배를 받던 페르시아인들은 3세기에 대대적으로 봉기했다. 혁명의 주동자는 가문 대대로 물의 여신 아나히타를 숭배하던 제사장 출신 아르다시르였다. 그는 순식간에 파르티아를 쳐부수고 페르시아 전역을 정복했으며, 자신이 (멸망한) 옛 페르시아 제국의 후손이라 자처했다. 그리고 조로아스터교를 페르시아 국교로 선언했다. 그 자신이 조로아스터교의 성직자 가문에 속했으니 당연한 일이었다.

아르다시르가 세운 왕조는 그의 할아버지 이름을 따서 '사산 왕조'라 불린다. 사산 왕조는 멸망할 때까지 조로아스터교 우대 정책을 폈다. 카르티르 같은 몇몇 대제사장들은 페르시아 황제에 맞먹는 강력한 권력을 행사했다. 또한 성직자들은 자신들의 기득권을 지키기 위해 외래 종교인 기독교를 혹독하게 탄압했다.

조로아스터교가 사산 왕조 치하에서 맞은 가장 큰 변화는 조로아스터교의 경전《아베스타》가 다시 편찬되고, 여러 신과 조로아스터를 찬양하는 노래를 담은《가타스》가 비로소 문자로 정리되어 책으로 나왔다는 것이다. 또한《아베스타》의 내용을 쉽게 풀이하여 설명한《젠드아베스타》와 조로아스터교의 각종 설화를 담은《덴카르트》, 세계의 창조와 법칙을 가르치는《분다히신》같은 여러 종교 서적들도 편찬되었다.

이 밖에도 동서무역로의 중심에 있던 페르시아의 특성상, 동양과 서양의 온갖 종교와 사상이 페르시아로 들어왔다. 그리하여 조로아스터교는 동서양의 다른 문화들과 교류하면서 새로운 모습을 보이기도 했다. 사산 왕조 시절에 등장한 신흥 종교인 마니교는 조로아스터교와 불교, 기독교의 교리가 섞여 만들어졌다.

조로아스터교의 분파로 태양신 미트라를 숭배하는 미트라교는 동서 무역로를 타고 서양과 동양으로 전파되었다. 서양의 로마 제국에서는 주로 군인들이 미트라교를 숭배했으며, 동양에서는 미트라의 이름에서 유래된 '미륵'이 장차 혼란한 세상을 끝내고 평화와 행복의 새 시대를 열 구세주로 알려졌다. 중국과 한국 등 동아시아에서 정부의 폭정에 분노한 백성들이 자주 들었던 '미륵'이라는 이름도 조로아스터교의 태양신인 미트라에서 비롯된 것이었다.

엄격한 신분제도에 따른 빈부 격차가 극심했던 사산 왕조 치하에서는 조로아스터교 성직자 출신인 마즈다크가 모든 재산의 공유를 주장하는 신흥 종교 마즈다크교를 만들기도 했다. 이 마즈다크교는 기득권층인 조로아스터교 성직자들의 핍박을 받아 소멸했으나, 그로부터 약 1400년 후에 유럽에서 공산주의자들이 다시 비슷한 주장을 들고 나왔다.

아랍인들의 정복, 조로아스터교의 쇠퇴

✚

1000년 동안 지속된 조로아스터교의 전성기는 7세기 중엽, 아랍인들의 페르시아 정복으로 인해 회복할 수 없는 치명타를 맞았다. 예언자 무함마드Muhammad가 창시한 이슬람교를 믿는 아랍인들은 제위를 둘러싼 계속된 내전으로 쇠약해져 있던 페르시아를 손쉽게 제압했다.

정복 초기 아랍인들은 조로아스터교를 핍박하지 않았다. 이는 이슬람교를 믿는 아랍인들이 적고, 조로아스터교를 믿는 페르시아인들이 훨씬 많았기 때문이다. 대신 조로아스터교도들은 신앙을 유지하는 대가로 아랍인들에게 별도의 세금인 '종교세'를 바쳐야 했다. 이런 식의 제도는 아랍인들이 정복한 다른 지역에서도 시행되었는데, 유럽에서는 기독교, 인도에서는 힌두교가 해당되었다.

하지만 종교세 제도는 뜻하지 않은 역효과를 불러왔다. 가난한 사람들이 종교세를 견딜 수가 없어 결국 정복자들의 종교인 이슬람교로 개종을 선택했던 것이다. 조로아스터교나 기독교, 힌두교 등 다른 종교를 믿다가 이슬람교로 개종하면 종교세가 면제되었기 때문이다.

개중에는 이슬람교로 개종한 척하면서 몰래 전통 신앙을 믿는 사람들도 있었다. 그러다가 아랍인들에게 적발되면 큰 처벌을 받았다. 아랍인들은 이슬람교를 믿는 척하면서 다른 종교를 믿는 것은 신을 속이는 거짓이라 하여 자비를 베풀지 않았다. 그럴 바에야 차라리 종교세를 내고 당당하게 다른 종교를 믿으라는 것이 아랍인들의 방침이었다. 물론 아랍인들이 현지 주민들의 전통 문화를 존중하려는 사명감을 갖고 있었기 때문은 아니었다. 이교도들로부터 종교세를 걷어 재정을 확보하려는 속셈이 더 컸다.

아울러 아랍인들의 지배가 계속되면서, 지배자들의 비위를 맞추고자 이슬람교로 개종하려는 사람들도 늘어났다. 또한 이슬람교를 믿어야 아랍-이슬람 사회에서 정치권력을 누릴 수 있었다. 그래서 10세기 이후 조로아스터교가 점차 쇠퇴하고 이슬람교가 대다수를 차지하게 되었다. 도시에서는 이슬람교가 지배적이었으나 변방의 시골에는 여전히 조로아스터교를 믿는 사람들도 있었다.

이슬람교가 다수를 차지하자 페르시아에서 조로아스터교는 점차 배척과 박해를 받기 시작했다. 이미 이슬람교가 대세이니 더 이상 소수인 조로아스터교의 눈치를 보거나 배려해줄 필요가 없던 것이다. 아랍 고전문학의 걸작으로 평가받는 《아라비안 나이트》를 보면, 곳곳에서 아랍인들의 입을 빌려 조로아스터교를 폄하하는 모습을 볼 수 있다. 불을 숭배하는 조로아스터교를 세상에서 가장 나쁜 종교라고 한다든지, 조로아스터교를 믿는 사악한 페르시아인이 순진한 아랍

사파비 왕조를 세워 페르시아를 다시 번영하게 만든 아바스 1세. 그의 치세에 수많은 조로아스터교도가 탄압을 당했다. 플랑드르 화가 도미니쿠스 쿠스토스Dominicus Custos의 1600년대 작품.

청년을 꼬드겨 납치하는 장면들이 자주 등장한다. 그만큼 아랍인들은 조로아스터교를 부정적으로 보았다. 조로아스터교도들은 아랍인들의 박해를 피해 대거 인도로 달아나기도 했다. 현재 '파르시Parsi'라 불리는 집단은 아랍의 침략에서 벗어나 신앙을 지키기 위해 인도로 이주해온 페르시아인 조로아스터교도들의 후손들이다.

한편 페르시아 본토에 그대로 남아 있던 조로아스터교도들은 16세기 사파비 왕조가 들어서자 큰 곤경에 처했다. 사파비 왕조는 그 태생이 이

슬람 시아파 교단에서 비롯되었는데, 그만큼 엄격한 이슬람 원리주의를 표방한 정권이었다. 그래서 사파비 왕조는 국내에 남은 조로아스터교를 강하게 핍박했다. 특히 사파비 왕조의 전성기를 연 아바스 1세는 조로아스터교도에게 이슬람교 개종을 강요하거나 《아베스타》를 빼앗아 불태웠으며, 조로아스터교 성직자들을 처형하고 신도들의 땅을 빼앗아 그들을 황량한 변방으로 강제 이주시키는 등 박해를 가했다.

정권의 핍박으로 인해 조로아스터교 세력은 나날이 위축되었다. 수많은 조로아스터교도가 박해를 견디다 못해 이슬람교로 개종하거나 인도 등지로 달아나는 일이 줄을 이었다. 1970년대 페르시아에서 이란으로 나라 이름이 바뀌고 팔레비 정권이 들어섰을 때, 조로아스터교도의 수는 10만에도 미치지 않았다. 그나마 1977년 이란 이슬람 혁명 이후 조로아스터교는 이란에서 더 이상 박해받지 않는 정식 종교로 인정받았다. 오늘날 조로아스터교는 이란 국회에 대표를 내보낼 수 있게 되었지만, 신도 수는 3만 이하로 줄어들어 교세가 예전보다 훨씬 못하다. 1000년 넘게 위대한 페르시아 제국의 종교로 숭상받았던 조로아스터교가 이제 본고장 이란에서는 거의 사멸해가는 신세로 전락했다.

사후세계와 구세주

✛

비록 현대에 들어와서는 조로아스터교 세력이 매우 미약해졌으나, 세계 역사에 미친 영향은 결코 적지 않다. 1000년 동안 세계 문명의 선진국으로 군림해온 페르시아 제국의 종교였던 탓에, 조로아스터교에서 수많은 종교들이 갈라져 나오거나 그 영향을 받아 새롭게 탄생했기 때문이다.

　기독교와 이슬람교, 그리고 이 두 종교의 뿌리가 되는 유대교도 조로아스터교의 강력한 영향을 받았다. 본래 유대교는 사후세계에 대한 확실한 개념이 없었다. 유대인들은 사람이 죽으면, 그 영혼은 '소울'이라 불리는 어두운 세계로 가서 잠든다고 여겼다. 구약성경에서 무당들이 죽은 현자 사무엘의 영혼을 불러내는 장면이 나오는 것도 이러한 관념에서 유래했다. 오늘날 유대교, 기독교, 이슬람교에서는 죽은 사람의 영혼을 주술로 불러내는 일을 미신이라 하여 엄격히 금지하지만, 과거 유대인들은 이런 일을 얼마든지 할 수 있다고 여겼다.

　유대인들이 페르시아 제국의 지배를 받아 조로아스터교와 접촉하게 되면서, 자연히 유대교도 그 영향을 받게 되었다. 선한 신 아후라 마즈다를 섬기면 죽은 이후 그가 지배하는 천국에서 영원히 즐거운 삶을 살고, 악한 신 아흐리만을 숭배하면 악에 오염되어 죽은 이후 그가 지배하는 지옥에서 영원히 고통을 받게 된다는 조로아스터교의 교리는 유대인들에게 깊은 인상을 남겼다. 그래서 페르시아 지배 이후부터 유대교에는 신을 믿으면 천국에 가서 영원히 행복을 누리고, 신을 믿지 않고 악한 일을 하면 곧 악마를 따르는 것이니 죽은 이후에 악마가 지배하는 지옥에 떨어져 영원히 고통을 받는다는 교리가 생겨났다. 이 교리는 유대교에서 갈라져 나온 기독교와 이슬람교에도 그대로 전해졌다.

또한 종말의 시기가 오면 선한 신과 악한 신이 최후의 전쟁을 벌여서 선한 신이 승리하며, 사오시안트라는 구세주가 등장하여 인류를 구원한다는 교리도 유대교에 전파되었다. 유대교와 기독교, 이슬람교 모두 종말의 시기에 선과 악의 전쟁이 벌어지고 그때 구세주가 등장하여 인류를 구원한다는 교리를 믿는다. 이것 역시 조로아스터교의 영향을 보여주는 증거다.

그런가 하면 아예 조로아스터교에서 떨어져 나가 새로운 종교가 탄생하는 경우도 많았다. 금욕과 영적 세계를 숭배한 마니교, 부의 독점을 반대하고 재산 공유를 주장했던 마즈다크교, 태양과 정의의 신 미트라를 섬기는 미트라교와 그의 이름에서 유래한 미래의 구세주를 기다리던 미륵 신앙 등은 모두 조로아스터교에서 갈라져 나온 종교들이다. 비록 조로아스터교는 시들었지만, 그 교리는 현재의 유력 종교들에 큰 영향을 주었다. 이것이야말로 조로아스터교가 남긴 가장 큰 유산이다.

마니교는 인간이 진정한 자유와 영생, 행복을 얻으려면, 육체의 구속을 벗어나 영혼을 해방시켜야 한다고 설파했다. 육체에 얽매여 있는 한 온갖 욕망과 갈등, 집착에 시달리는 노예 신세를 면치 못하니, 참된 해방을 이루려면 영혼이 자유로워져야 한다는 것이 마니교의 교리였다.

마니교

페르시아에서
몽골까지 전파된
구세주 신앙

"모든 욕망과 집착에서 벗어나야 비로소 진정한 자유를 얻을 수 있다."
- 마니교 경전에서

중국 소설가 김용이 쓴 《의천도룡기倚天屠龍記》 등의 수많은 무협 소설에는 '명교明教'라는 종교 집단이 자주 등장한다. 탄압을 피해 음지에 숨어있는 신비한 종교 집단으로 설정되는 명교는 실제 중국 역사에 존재했는데, 흔히 '채소만 먹고 마귀를 섬긴다'는 뜻인 '끽채사마喫菜邪魔'라고 불렸다. 하지만 그런 별명과 달리, 현실에서 명교는 평화적 교리를 가진 종교였다.

명교는 중국에서 등장한 종교가 아니라 멀리 페르시아에서 들어온 외래 종교였다. 또한 명교라는 이름도 중국식 호칭이고, 원래 이름은 마니

교였다. 마니Mani라는 사람이 만들었다고 해서 붙은 이름인데, 마니 역시 중국인이 아닌 페르시아인이었다.

명교, 즉 마니교의 창시자인 현자 마니. 그는 억울하게 순교했지만, 그가 남긴 가르침은 거의 1000년 동안 이어졌다.

예언자 마니의 탄생

마니는 216년, 현재 이라크의 수도인 바그다드 인근 도시 크테시폰 남쪽의 작은 마을에서 태어났다. 그의 아버지는 파타그, 어머니는 마리암(마리아)이었는데, 파타그는 영지주의靈知主義를 신봉하던 사람이었다. 영지주의는 3~4세기 무렵 지중해 일대에 유행하던 신앙으로 그리스 철학과 기독교의 교리를 합친 신비주의적 종교였다. 영지주의의 교리는 가장 높고 초월적인 신이 자기 아래 하위 신 데미고르곤을 만들어서 세상을 창조케 했으며, 인간은 신이 만든 세상의 비밀과 지혜를 배워나가면서 신성한 경지에 오를 수 있다는 내용이었다.

아버지의 영향을 받아서 마니도 영지주의를 비롯한 여러 종교들의 교리를 접하면서 성장했다. 이러한 환경은 장차 그가 조로아스터교, 기독교, 불교 등 많은 종교들의 교리를 하나로 모은 마니교를 창시하는 데 도움이 된다. 12세 되던 해에 마니는 천국에서 내려왔다는 영적인 존재에게 계시를 받고, 24세에 다시 같은 계시를 받았다고 한다. 두 번의 계시를 받고 마니는 인간을 지켜주는 천국의 위대한 존재가 조로아스터, 석가모니, 예수에 이어 자신에게 진리를 전파하는 신성한 사명을 맡겼다고 확신하게 되었다. 그리고 자신이 받은 계시의 내용들을 정리하고 편집하여 하나의 종교, 즉 마니교로 체계화한 뒤에 이를 사람들에게 널리 알려야겠다고 마음먹었다.

먼저 페르시아 동부와 인도로 전도를 떠난 마니는 자신이 만든 종교의 교리를 사람들에게 널리 알렸다. 마니의 말 속에 강한 설득력이 있었는지 많은 사람들이 마니교로 개종했다. 동부 지역에서 전도가 어느 정도 효과가 있었다고 판단했는지 마니는 242년, 페르시아 남부와 서부 지역으로 발걸음을 돌려 전도했다. 그때 페르시아 제국의 황족 페로즈가 마니의 설교에 감동해 마니교로 개종했다. 페로즈는 자신의 형이자 페르시아 황제인 샤푸르 1세에게 마니를 소개했고, 샤푸르 1세는 마니를 초대하여 대화를 나누었다. 샤푸르 1세는 마니가 위대한 현자임을 확신했고, 그를 궁정 사제장으로 임명하면서 페르시아 전역에

사산 왕조 페르시아 제국의 2대 황제인 샤푸르 1세. 그는 로마 황제 발레리아누스를 생포하여, 부활한 페르시아 제국의 위엄을 떨쳤으며 현자 마니와 만나 그의 가르침을 인정했다.

초대 기독교의 성자인 아우구스티누스. 그도 젊었던 시절에는 마니교 신자였다. 그만큼 마니교의 교세는 유럽에서도 매우 강력했다. 미국 작가 루이스 컴퍼트 티파니Louis Comfort Tiffany의 연대 미상 작품.

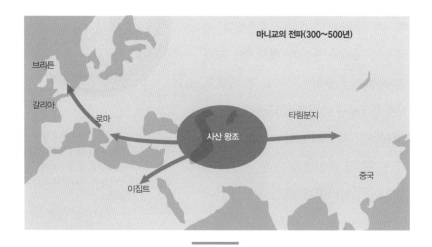

마니교의 전파 과정을 그린 지도. 마니교는 멀리 유럽의 영국에서부터 동양의 중국에까지 전해졌다. 그러나 대부분의 지역에서 극심한 박해를 받아 교세가 위축되고 말았다.

자유롭게 마니교를 전파할 수 있는 특권을 주었다. 그리하여 마니교는 페르시아에서 빠른 속도로 확산되었고, 새로운 가르침을 기다리던 많은 사람들이 마니교에 귀의하여 교세가 확장되었다. 마니교는 조로아스터교, 불교, 기독교의 교리들을 치밀하게 연구하여 새롭게 만든 종교였으니, 기존의 종교에 만족하지 못하던 사람들이 마니교로 몰려들 만했다.

마니교는 페르시아뿐만 아니라 페르시아와 교류하고 있던 로마에까지 전파되었다. 초대 기독교 교회의 성자로 존경받는 아우구스티누스도 젊어서는 마니교에 빠졌을 만큼 마니교는 로마인들에게도 무척 인기 있는 종교였다.

오르페우스 신앙＋불교＋ 조로아스터교＋기독교…

마니교의 교리는 그보다 700년 전에 나타난 오르페우스교와 놀랄 만큼 비슷했다. 오르페우스 신앙처럼 마니교도 신도들을 상대로 철저한 금욕을 설파했다. 우선 술과 고기(육류와 어류)는 영혼을 타락시키는 나쁜 음식이니 먹어서는 안 되며, 곡식과 채소, 과일 등 세 가지 종류의 음식과 맹물만 먹을 수 있었다.

마니교의 특징은 술과 고기 자체를 나쁘다고 규정한 데 있었다. 술과 고기는 근대 이전에 대부분의 사람들이 잘 먹지 못했던 음식이다. 왕족과 귀족 같은 부유층들이나 술과 고기를 즐겨 먹었지, 대다수의 평범한 사람들은 그저 산나물과 잡곡밥, 혹은 딱딱한 빵과 죽 등이 주식이었다. 고기는 어쩌다 잔칫날에야 가끔 먹어보는 것이 전부였다. 그래서 마니교의 교리를 접한 사람들은 이상하다고 생각했을 수도 있다. 자기들은 없어서 못 먹는 술과 고기가 영혼을 더럽히는 나쁜 음식이라니? 하지만 불교에서도 술과 고기는 금지했으니 마니교만 유별났던 것은 아니다.

마니교는 기본적으로 이 세상 자체가 사악함에 물든 곳이라고 가르쳤다. 물질로 이루어진 현재 세계는 사악한 어둠이 인간을 타락시키기 위해 만들었으며, 선한 빛이 있는 완벽한 세계는 죽어서야 갈 수 있다는 것이다. 현세는 사악한 어둠이 창조한 곳이니 그 속에서 살아가는 인간들은 모두 악한 욕망 속에서 허우적거리며 악의 유혹을 받아 타락하게 된다고 보았다. 이러한 관점은 불교의 창시자인 석가모니가 이 세상 자체가 '고통의 바다苦海'이며, 사람이 태어나서 늙고 병들고 죽는 것이 고통이라고 가르친 바와 같다.

마니교는 인간이 진정한 자유와 영생, 행복을 얻으려면 육체의 구속을 벗어나 영혼을 해방시켜야 한다고 설파했다. 육체에 얽매여 있는 한 온갖 욕망과 갈등, 집착에 시달리는 노예 신세를 면치 못하니, 참된 해방을 이루려면 영혼이 자유로워져야 한다는 것이 마니교의 교리였다.

또한 마니교에서는 자신이 살면서 선한 일을 얼마나 했는지, 악한 일을 얼마나 했는지에 따라서 다음 삶이 결정된다고 주장했다. 선한 일을 많이 한 사람의 영혼은 완벽한 세계인 천국으로 가서 영원한 행복을 누리지만, 악한 일을 많이 한 사람의 영혼은 다시 현세에 사람이나 동물로 태어난다는 것이다. 자세히 들여다보면 불교의 교리와 비슷하다. 불교에서 추구하는 해탈은 인간의 영혼이 고통과 거짓된 환상으로 가득 찬 이 세상에서 벗어나 참된 자유와 행복을 찾는 것이다. 사람이 죽으면 그 영혼이 내세에 사람이나 짐승으로 다시 태어난다는 교리 역시 불교의 환생과 그대로 닮았다.

마니교는 이 세상이 선한 빛과 악한 어둠의 전쟁터라고 보았다. 이는 조로아스터교의 교리를 빌린 것이다. 하지만 마니교는 조로아스터교처럼 아후라 마즈다를 비롯한 여러 신을 숭배하라고 요구하지 않았다. 신에게 비는 것보다 인간이 스스로 노력하여 깨달음을 얻고 고통으로 가득 찬 세상에서 벗어나 해탈을 이루는 것이 더 중요하다고 보았기 때문이다. 이 역시 불교와 유사하다. 석가모니는 해탈은 누가 대신 해주는 것이 아니라 인간 스스로 노력해서 깨우치는 것이라 가르쳤다. 현재의 불교는 다분히 힌두교와 무속 신앙 등에 영향을 받아 본래의 교리와 상당히 멀어졌지만, 석가모니 본인은 결코 스스로를 신이나 구세주라 칭한 적도 없고 자신을 숭배해야 해탈을 얻고 구원을 받는다고 가르친 적이 없다.

한편 마니교에서 가르치는 말세에는 기독교적 요소가 담겨 있었다. 세계 각지에서 전쟁이 일어나고 사회 혼란이 가중되며 사악한 자들이 부와 권력을 잡아 착한 사람들을 괴롭힌다. 그러다가 천국에서 인류의 구세주인 예수가 내려와서 악인들을 모두 지옥으로 보내고 착한 사람들을 천국으로 인도한다. 예수에 의해 천국으로 간 사람들은 신과 함께 영원한 생명과 행복을 누리며 즐겁게 산다는 것이다.

성직자의 삶

마니교 교단도 다른 종교들처럼 성직자와 평신도로 계급이 나뉘었다. 마니교 성직자는 '선택받은 자', 평신도는 '듣는 자'로 불렸다. 성직자들은 다시 크게 4개의 계급으로 나뉘는데, 최고위 계급의 성직자는 창시자인 마니를 계승했다고 하여 '후계자'라고 불렸다. 훗날 이슬람교에서 최고 종교 지도자를 가리켜 예언자 무함마드의 후계자란 뜻인 '칼리프'라고 불렀던 것과 같다. 그리고 후계자 밑으로 12명의 '사도'들이 있는데, 이는 기독교의 예수를 따랐던 12명의 사도들을 모방한 것이다. 사도들 밑으로는 72명의 주교와 360명의 장로가 있었다.

계급은 달라도 마니교 성직자에게는 공통된 준수 사항이 있었다. 앞에서 언급한 대로 술과 고기를 먹는 일은 물론, 군인이 되거나 돈벌이를 하는 일, 결혼과 자녀 출산도 철저히 금지되었다. 폭력을 악으로 규정하는 마니교에서 신도가 살인을 직업으로 삼는 군인이 되는 것은 도저히 용납할 수 없는 일이었으며, 돈을 버는 일도 물질적인 욕망과 죄악을 쌓는다고 하여 나쁜 일로 간주되었다. 그리고 결혼은 성욕에 따른 것이니 모든 욕망을 멀리하는 마니교의 교리와 어긋나며, 아이가 태어나면 이 세

중국 돈황에서 발견된 마니교 성직자들을 그린 그림.
10세기 무렵의 작품으로 추정된다.

상에서 고통을 받게 되니 그 역시 죄를 짓는 일로 여겼다.

　마니교 성직자는 스스로 농사를 짓거나 돈을 버는 일이 금지되었기 때문에 생계에 필요한 식량은 모두 평신도에게 의지했다. 평신도는 성직자와 달리 농사와 돈벌이가 허락되었다. 성직자들은 주로 수도원에 모여 자기들끼리 살았으며, 평신도들이 가져다주는 곡물과 채소, 과일 등으로 구성된 식사를 하루에 한 번, 해가 진 이후에 먹었다. 식사량이 너무 적어 보이지만, 하루에 한 끼만 먹는 소식이 몸에 부담을 적게 주어 건강에 더 좋았는지도 모르겠다. 현대사회에서도 1일 1식이 유행한 적이 있을 정도이니 말이다.

　평신도인 '듣는 자'들은 성직자들보다 자유롭게 살 수 있었다. 평신도는 농사와 돈벌이, 결혼과 출산은 물론 육식도 허락되었다. 다만 다른 사람이 죽인 동물의 고기를 사서 먹는 정도에서 그쳤다. 이 역시 초기 불교의 가르침과 같다. 석가모니도 자신이 직접 죽인 짐승의 고기는 먹어서는 안 되지만, 남이 죽인 고기는 받아서 먹어도 괜찮다고 가르쳤다. 그래서 석가모니는 말년에 대장장이가 바친 돼지고기를 먹다가 죽었다. 모든 불교 승려들이 육식을 금하게 된 것은 6세기 초, 중국 양나라의 무제가 '단주육문斷酒肉文'이라는 글을 발표하여 승려들의 육식을 막으면서부터였다. 그전까지는 승려들도 아무런 거리낌 없이 술과 고기를 먹었다.

마니교에게 가해진 탄압

마니교의 전성기는 오래가지 못했다. 마니교의 교세 확산에 위협을 느낀 조로아스터교와 기독교 등 기존 교단에서 마니교를 적대 세력으로 간주하여 철저한 탄압을 가했기 때문이었다.

가장 먼저 페르시아에서 탄압이 시작되었다. 특히 조로아스터교의 최고위 성직자인 카르디르Kardir는 페르시아 황실에 마니교를 끊임없이 모함하여 결국 샤푸르 1세의 후계자인 바흐람 1세를 통해 마니를 붙잡아 처형하도록 했다. 마니가 죽임을 당한 연도는 확실치 않은데 대략 274년에서 276년 사이로 추정된다. 그의 목은 잘려 샤푸르 1세가 세운 도시 군디 샤푸르의 성문에 내걸렸고, 몸은 갈기갈기 찢겨졌다. 마니는 십자가에 못 박혀 죽은 예수 못지않게 끔찍한 순교를 당했다.

창시자의 죽음과 동시에 마니교는 페르시아 전역에서 탄압을 받기 시작했다. 조로아스터교 성직자들은 마니교가 조로아스터교 신앙을 모독한다는 이유로 군대를 동원해 마니교 성직자와 신도들을 죽이고 감옥에 가두었으며 마니교 수도원과 경전들을 불태웠다. 끝까지 신앙을 지키려 했던 마니교 성직자와 신도들은 죽임을 당했고, 생명을 건지고 싶었던 신도들은 어쩔 수 없이 조로아스터교로 개종했다. 신앙을 지키려는 신도들은 권력의 탄압을 피해 먼 동쪽 변방 중앙아시아로 달아났다.

로마가 지배하던 서방에서도 사정은 마찬가지였다. 전통 올림푸스 신앙을 대신하여 정신적 주도권을 장악한 기독교도 마니교를 사악한 이단으로 간주했다. 또한 기독교로 개종했던 로마 황제들도 마니교가 기독교 중심의 제국 통합을 방해한다고 판단하여 미트라교와 함께 마니교를 탄압하는 데 열을 올렸다. 마니교의 영향을 받아 생겨난 불가리아의 보고밀파와 프랑스의 카타리파 같은 신흥 종교들은 로마 가톨릭 교황청이 주도한 십자군전쟁으로 절멸당했다.

조로아스터교와 기독교의 탄압을 피해 외진 곳에서 근근이 명맥을 이어가던 마니교에 회복 불능의 치명타를 안긴 것은 이슬람교였다. 7세기 중엽, 로마와 페르시아를 순식간에 밀어내고 북아프리카와 중동을 차지한 이슬람교에게 전생과 환생을 주장하는 마니교는 도저히 용납할 수 없는 해괴한 사이비 이단이었다. 이슬람교는 마니교를 비롯하여 환생을 외치는 종교들을 가혹하게 처벌했다. 그리하여 서방에서 마니교는 12세기 이후로 완전히 자취를 감추게 되었다. 마니교의 영향을 받아 금욕을 주장하는 이단 종파들이 계속 등장하기는 했으나, 기성 종교인 기독교와 이슬람교에 밀려 큰 힘이 없었다.

유럽과 페르시아에서 극심한 탄압을 받고 교세가 약해지자 마니교 교단은 새로운 활로를 찾게 된다. 바로 머나먼 동아시아였다. 7세기 말 마니교는 드디어 동양의 중국에까지 전해졌다. 지금의 파미르 고원 서남쪽, 아프가니스탄 동쪽에 위치한 토화라吐火羅 지역 출신의 마니교 선교사들이 694년 당나라에 마니교를 전파했다. 동아시아에 최초로 마니교가 전해지게 된 것이다.

명교,
동방으로 전래된 마니교

✚

마니교는 중국에서 명교明教라고 불렸다. '빛의 가르침'이란 뜻인데, 마니교가 빛과 진실을 추종한다고 해서 붙여진 이름이다. 본국인 페르시아에서 잃어버린 영향력을 만회하려는 듯, 마니교는 중국 선교에 열을 올렸다. 마니교 선교사들은 중국인들에게 좀 더 쉽게 다가가기 위해서 한자를 배웠으며, 중국인들에게 친숙한 불교의 이미지를 빌려 '명교는 부처와 보살들을 믿는다. 이번 생에서 제대로 못 살아도 환생하면 더 좋은 삶이 기다린다. 말세에 가면 최후의 심판이 내려져 악인은 다 죽고, 선인들은 모두 구원받는다'는 식으로 마니교를 선전했다. 이러한 선전은 마니교의 교리 중 상당 부분이 불교에서 가져온 것이었기 때문에 가능했다.

하지만 이러한 노력은 얼마 못 가 벽에 부딪친다. 732년, 마니교의 교세 확장을 못마땅하게 보던 불교 교단에서 마니교를 가리켜 밝은 가르침이 아닌 사악한 마교魔教라고 폄하하고 나선 것이다. 여기에는 마니교가 본래 외부 지역인 서역에서 들어온 종교라는 점과 불교의 가르침을 빌려서 이단을 전파하고 있다는 점, 그리고 기존의 불교 신자들에게까지 포교를 하여 갈등을 빚는다는 점이 크게 작용했다. 불교를 깊이 신봉하던 당나라 조정도 불교 교단 측의 항의로 인해 마니교를 곱지 않게 보았다. 그리하여 포교에 제동이 걸렸고, 마니교는 중국에 체류하는 소수의

마니교를 믿었던 중앙아시아의 소그드인Sogdian을 묘사한 벽화. 소그드인은 한자로 속특粟特이라고 했으며, 지금의 타지키스탄과 키르기스스탄에 살던 이란계 민족이다. 아이가 태어나면 손에는 아교를 붙여주고 입에는 꿀을 발라주며, 손에 들어온 재물은 놓치지 말고 입으로는 달콤한 말을 하여 부자가 되라고 기원하는 풍습을 지녔다. 이들은 페르시아와 중앙아시아, 중국을 오가며 중계무역에 뛰어난 상인으로 유명했다.

소그드인들은 마니교의 열렬한 신봉자였다. 그들은 중국인들에게도 마니교를 전파하기 위해서 일부러 중국인들에게 친숙한 불교의 이미지를 빌려서 마니교를 전파했다. 마치 불교의 부처와 보살 같은 모습으로 마니를 묘사했던 것이다. 위의 그림에서 부처로 그려진 사람이 바로 마니이다.

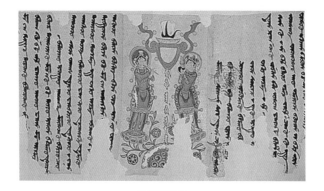

소그드어로 쓴 마니교 경전. 중앙에 그려진 보살은 마니교에서 믿던 천상의 존재들인데, 중국인들에게 쉽게 포교하기 위해서 일부러 불교의 보살처럼 그렸다.

서역인(페르시아와 중앙아시아의 소그드인)들을 중심으로 근근이 명맥을 이어나
갔다.

몽골 위구르 제국의 종교로

마교라고 폄하당한 지 30년 만인 762년, 침체에 빠져 있던 마니교는 뜻
하지 않은 기회를 맞았다. 마침 당나라는 '안사의 난'으로 대혼란에 휘말
려 있었는데, 반란을 진압하기 위해 몽골 초원의 유목민 위구르족을 용
병으로 고용했다. 중원으로 들어온 위구르족은 반란군이 장악한 대도시
낙양을 함락했는데, 이때 낙양에서 활동하던 마니교와 접촉하게 되었다.

　마니교 성직자들과 만난 위구르족은 그들을 신기하게 여겨 함께 몽
골 초원으로 돌아갔다. 그리고 마니교 성직자의 말에 점차 귀를 기울이
고 기존의 샤머니즘 신앙보다 마니교 신앙이 더 훌륭하다고 여겨 마침
내 마니교로 개종했다. 위구르인들은 유목민의 풍습에 따라 가축의 고기
와 젖으로 만든 유제품을 먹다가, 육식을 금지하는 마니교의 교리를 좇
아 채식을 했다. 그러기 위해서 몽골 초원 한복판에 곡식과 채소를 재배
할 밭을 일구어야 했다. 적은 강수량과 서늘한 기후의 초원에서 농경을
했다는 것 자체가 놀라운 일이다. 물론 땅이 척박하여 현지에서 재배한
농산물만으로는 위구르족의 모든 식량을 충당하지 못했을 것이다. 남쪽
당나라와 교역을 하면서 수입한 농산물로 식량의 대부분을 메꾸었을 것

위구르 왕족을 묘사한 그림. 위구르족은 본래 자신들의 선조가 나무에서 태어났다는 정령 신앙을 믿었으나, 마니교와 접촉하면서 마니교를 믿고 후원자가 되었다.

이다.

위구르 제국에서 누린 마니교의 영화도 오래가지 못했다. 왕위를 둘러싼 내란에 빠져 나날이 쇠약해져가던 위구르 제국은 848년 서북쪽의 시베리아에 살던 키르기스족의 침략을 당해 멸망하고 말았다. 위구르족은 키르기스족을 피해 당나라와 중앙아시아로 달아났으며, 마니교를 믿지도 존중하지도 않았던 키르기스족에 의해 마니교는 철저히 파괴되었다. 위구르 제국의 멸망과 함께 마니교는 몽골 초원에서 깨끗이 자취를 감췄다.

페르시아에서 몽골까지, 제국에 남긴 영향

마니교의 전성기는 매우 짧았고, 핍박받은 기간이 훨씬 더 길었다. 그럼에도 마니교가 세계 역사에 남긴 영향은 결코 무시할 수 없다.

마니교를 초반부터 철저히 핍박했던 서방에서조차 마니교의 흔적은 꽤 오랫동안 남아 있었다. 로마 제국이 멸망하고 나서 유럽의 종교는 기독교가 독점했으나, 마니교의 영향을 받은 이단 종파들이 계속 등장하면서 기독교에 실망한 사람들에게 신선한 자극을 주었다. 10세기 불가리아에서 나타난 보고밀파와 12세기 프랑스 남부의 카타리파는 하나같이 출산과 물질 추구의 무의미함을 설파하여 많은 호응을 얻었는데, 이는 모두 마니교에서 빌려온 교리들이다. 18세기 러시아에서 등장한 스코프츠이 교단도 성욕과 출산을 부정적으로 여겼는데, 다분히 마니교의 영향을 받아 탄생한 종파였다.

동방으로 전래된 마니교, 즉 명교도 중국 역사에서 상당히 오랫동안 활동했다. 일설에 의하면 당나라의 전성기를 끝낸 안사의 난의 주요 인물 사사명史思明이 명교 신자라고 한다. 사명思明이라는 이름은 '밝은 생각'이란 뜻인데, 이 역시 명교의 교리와 비슷하기 때문이다. 또한 탐관오리들의 부패에 시달리던 중국 농민들도 최후의 심판과 말세의 교리를 설파한 명교에 깊이 빠져들었다. 또 다른 일설에 의하면 당나라를 멸망하게 한 '황소의 난'의 배후에는 마니교를 믿었던 위구르족이 있었다고 한다. 키르기스족을 피해 당나라로 도망친 위구르족은 오늘날 마피아처럼 소금 밀매를 하며 돈을 버는 비밀 지하조직을 만들었는데, 이 조직이 중심이 되어 나중에 황소의 난을 일으켰다는 것이다. 위구르족 이민자들은 마니교를 믿고 있었으니, 조정에 불만을 품은 반反정부 세력들 역시 마니교에 귀의하거나 그 영향을 받지 않았을까?

또한 북송 말기 1120년에 일어난 '방랍方臘의 난'도 명교(마니교)를 믿던 농민 비밀 조직의 주도하에 발생했다. 농민 출신인 방랍은 독실한 명교도로, 평소 주변으로부터 '채소만 먹고 마귀를 섬기는 자'라 하여 끽채사마喫菜邪魔라고 불렸는데, 이는 육식을 금하고 채식을 권장하는 명교의 교리를 반영한 것이다. 여기서 명교도들이 '마귀를 섬긴다'라고 오해를 사게 된 이유는 그들이 섬기는 신이 중국인이 아니라 이방인인 마니와 예수였기 때문이다.

아울러 원나라 말기에 일어난 '홍건적의 난'도 명교와 미륵불 신앙을 지키던 반정부 비밀 조직들이 주도한 사건이었다. 원나라를 몰아내고 중원을 차지한 왕조는 명나라이다. 앞서 언급했듯이 중국의 무협 소설가인 김용은 자신의 소설 《의천도룡기》에서 명나라를 세운 주원장을 마니교, 즉 명교明敎의 신도로 설정했다. 실제 원나라에 맞서 반란을 일으킨 홍건적은 명교에서 영향을 받은 종교 집단인 백련교 신도였다. 주원장도 젊은 시절에 홍건적에 참여한 적이 있으니 명교도였을 가능성

농민 반란군의 지도자가 되어 원나라를 몰아내고 명나라를 세운 주원장. 중국의 소설가 김용은 그가 세운 나라의 이름이 '명'이었다는 사실을 감안하여, 주원장이 명교도, 즉 마니교도였다고 주장했다.

이 있다. 이렇듯 중국 역사에서 발생한 수많은 농민 반란의 배후에는 위구르 제국이 망하고 나서 당나라로 피신해온 위구르족과 그들에 의해 전해진 마니교, 비밀 종교 단체들이 상당수 있었던 것이다.

미트라는 모든 나라와 지역에 통치권을 내려주는데, 계약을 어기고 거짓을 말하는 자를 미워하여 멸망시킨다. 그는 1만 명의 첩자들을 거느리고 있어서 지상에서 인간들이 벌이는 모든 일을 자세히 알고 있다. 또한 자신을 믿는 인간들이 죽으면, 그들의 영혼을 어둠으로부터 지키기 위해 자신이 사는 빛의 세계로 데려가 영원한 행복과 안식을 주는 일도 맡았다. 이처럼 미트라는 우주의 질서를 지키며 악에 맞서 싸우는 심판자이자 투사로서의 성격을 지니고 있다.

미트라교

미륵불이 된
태양신 미트라

"태양은 영원히 빛나며, 결코 사라지지 않는다."

- 미트라교 교리에서

근대 이전 한국과 중국 등 동아시아에는 미륵불彌勒佛 신앙이 널리 퍼져 있었다. 미륵불은 글자 그대로 미륵 부처를 뜻한다. 언젠가 미륵이 와서 죄악으로 가득 찬 현 세계를 모두 정화시키고, 평화와 행복이 지배하는 영원한 낙원으로 이끈다는 믿음이 바로 미륵불 신앙이었다.

오랫동안 많은 사람들이 미륵불 신앙을 숭상해온 탓인지 미륵불은 불교를 만든 석가모니와 자주 동일시되기도 한다. 그러나 원래 미륵불은 석가모니와 아무런 관계도 없다. 사실 불교는 기독교와는 달리 특정한 신이나 구세주를 믿는 종교가 아니다. 석가모니 본인도 결코 자신을 신

미륵불을 그린 불화. 불교에서 구세주 역할을 하는 미륵은
오늘날까지 많은 불자들에게 인기가 있다.

이나 구세주라고 하지 않았고, 자신을 믿어야 복을 받고 극락에 간다는 말도 하지 않았다. 본래 불교는 스스로의 노력으로 깨달음을 얻어 고통스러운 세상에서 벗어나는 해탈을 추구하는 종교였다.

그렇다면 왜 석가모니와는 관련이 없는 미륵이 부처라는 이름을 달고 불교에 들어온 것일까? 여기에는 나름의 긴 사연이 있다.

미륵은 '미트라'

사실 미륵이라는 말은 불교 용어가 아니다. 미륵은 고대 페르시아에서 숭배하던 신 미트라Mithra에서 유래한 말이다. 미트라는 메흐르Mehr라고도 불리는데, 그 이름은 기원전 15세기 무렵 터키 카파도키아 지역에서 만들어진 '히티' 석비에 나타난다. 페르시아인들은 미트라가 태양과 진실과 용기와 법의 수호신이라고 생각해 그들의 최고 신 아후라 마즈다 다음가는 위치에 올려놓고 숭배했다.

조로아스터교의 경전 《아베스타》에서도 미트라는 매우 중요한 신으로 칭송받았다. 《아베스타》에 따르면 미트라는 1000개의 귀와 1만 개의 눈을 지녀 세상의 모든 것을 듣고 볼 수 있으며, 언제나 빛나는 하라 산(페르시아 신화에 등장하는 가공의 지명)에 궁전을 두고 있다. 그는 하라 산의 꼭대기에서 세상을 내려다보며 창과 방패와 갑옷과 투구로 무장하고 네 마리의 말들이 끄는 전차를 타고 하늘을 누비는데, 그를 보좌하는 또 다른 신 바흐람과 아스타드, 파란드와 함께 다닌다.

　미트라는 모든 나라와 지역에 통치권을 내려주는데, 계약을 어기고 거짓을 말하는 자를 미워하여 멸망시킨다. 그는 1만 명의 첩자들을 거느리고 있어서 지상에서 인간들이 벌이는 모든 일을 자세히 알고 있다. 또한 자신을 믿는 인간들이 죽으면 그들의 영혼을 어둠으로부터 지키기 위해 자신이 사는 빛의 세계로 데려가 영원한 행복과 안식을 주는 일도 맡았다. 이처럼 미트라는 우주의 질서를 지키며 악에 맞서 싸우는 심판자이자 투사로서의 성격을 지니고 있다.

유럽으로의 전파

고대 그리스의 역사가 헤로도토스는 《역사》에서 페르시아인의 최고 신 아후라 마즈다를 그리스인의 최고 신 제우스라고 기록했다. 이는 그리스인이 이방인의 신을 자신들의 신과 같다고 생각했기 때문이었다. 그래서 그리스인은 페르시아의 태양신 미트라는 그리스의 태양신 헬리오스와, 출산과 번식의 여신 아나히타는 아프로디테와 같은 신이라고 여겼다.

　기원전 1세기 로마 제국은 점차 동방으로 세력을 확장해나갔는데, 그 과정에서 페르시아 지역을 번갈아가며 지배하던 파르티아와 사산 왕조를 상대로 오랫동안 전쟁을 벌였다. 전쟁을 통해 페르시아인의 미트라 신앙을 알게 된 로마 군사들은 그것을 받아들여 고국으로 돌아가 전했다. 3세기에 이르자 로마 제국에 미트라교가 폭넓게 확산되었다. 미트라교를 믿는 신자 대부분은 주로 군인이었다. 언제나 어둠을 뚫고 하늘로 솟아올라 세상을 밝히는 태양 미트라를, 전쟁터에서 싸우면서 삶과 죽음이 교차하는 매일을 사는 자신들과 비슷하다고 여겼기 때문이다. 그리고 그러한 미트라가 군인들을 수호하는 데 알맞다고 믿었다.

아울러 3세기 무렵 로마 제국에서는 '불멸의 태양'이라는 뜻의 '솔 인빅투스Sol Invictus'라는 신앙이 등장하는데 다분히 미트라의 영향을 받은 종교였다. 팔미라 왕국의 반란을 진압하고 로마 제국을 재통일한 아우렐리아누스 황제는 솔 인빅투스 신앙의 열렬한 신봉자였다. 하지만 솔 인빅투스 신앙은 어디까지나 미트라교에서 파생된 잔가지에 불과했다. 많은 로마 군인들은 미트라교에 깊숙이 매

터키 프리지아 지방에서 발견된 조각상. 미트라와 헬리오스가 한 몸을 이루어 왕을 축복하고 있다.

솔 인빅투스를 표현한 작은 신상.

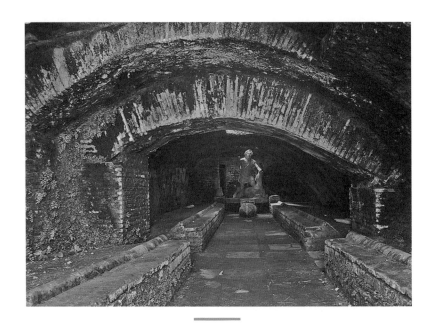

어두운 지하 건물 안에 세워진 미트라 신상. 미트라교도들은 그들의 신 미트라가
어둠 속에서 잠을 자고 있다가, 세상에 빛을 전하러 나온다고 믿었다.
그래서 신전도 일부러 어두운 곳에 지었다. 이탈리아 오스티아Ostia 안티카Antica 유적지.

미트라를 표현한 부조들. 왼쪽 작품에서는 미트라가 황소를 죽이고,
오른쪽 작품에서는 미트라와 그의 부하들이 어둠의 피조물인 뱀을 잡고 있다.
프랑스 루브르 박물관 소장.

료되었는데, 그 영향력은 거의 기독교에 견줄 만했다.

미트라교 신도들은 동굴이나 땅속에 신전을 만들었다. 태양이 매일 어둠을 뚫고 하늘로 솟아오르는 것처럼, 자신들의 신이 어둠 속에 잠들어 있다가 빛과 함께 세상 밖으로 나온다고 여겼기 때문이다. 미트라교의 신전으로 쓰였던 유럽 각지의 동굴들을 보면 미트라교의 세계관을 어렴풋이 추측할 수 있다. 미트라교는 교리를 문자로 남기지 않고 신도들끼리 말로만 은밀하게 전했기 때문에, 미트라교가 사라진 지금은 그저 미트라교 신전의 동굴에 조각된 그림들과 외부인들이 남긴 단편적인 기록으로만 그 내용을 짐작할 수 있을 뿐이다.

미트라교 신전에는 항상 젊은 청년의 모습으로 나타난 미트라가 황소를 죽이는 장면이 조각되어 있다. 이는 미트라교의 세계관을 보여준다. 미트라교의 교리에 의하면 태초에 황소가 모든 동물과 식물을 잉태하고 있었는데, 미트라가 그 황소를 죽임으로써 생명체들이 황소의 몸 밖으로 나와 세상으로 퍼져나갔다고 한다. 미트라가 황소를 죽이는 것은 곧 생명체의 창조를 의미한다.

또한 미트라는 원래 돌 속에 갇혀 있다가 스스로 돌을 깨부수고 밖으로 나왔다고 한다. 그리고 큰 바위를 부숴서 그 안에 갇혀 있던 물을 세상 밖으로 흘려보내 지상에 생명체들이 살 수 있는 터전을 마련했다는 이야기도 있다. 미트라는 단순한 태양신만이 아닌, 전장에서 군인들을 지켜주는 전쟁의 신인 동시에, 생명체를 지상에 퍼뜨린 창조의 신이자 세상에 물을 보낸 풍요의 신으로까지 그 역할이 확대된 셈이다. 인간이

미트라의 탄생과 그가 하는 일들을 표현한 조각.

신에게 바라는 것이 많을수록 그 신이 맡은 일도 더욱 확대되는 것일까?

미트라교는 아무나 신도로 받아들이지 않고 엄밀한 검증 장치로 선별했다. 신도가 되고자 하는 사람은 차가운 눈이나 얼음 위에 오랜 시간 서 있거나, 뜨거운 불 위를 지나가거나, 오랫동안 금식을 하면서 자신이 끝까지 신앙을 지키겠다는 맹세를 해야 했다. 포기하지 않고 그 과정을 모두 통과한 사람만이 미트라교에 들어갈 수 있었다.

또한 입교가 허락되었다고 해서 바로 신도가 되는 것도 아니었다. 혹독한 육체적 시련을 견디고 가입 허가를 받은 사람도 같은 교도 이외의 다른 사람들에게 결코 자기가 미트라교 신도임을 드러내서는 안 된다는 약속을 했다. 미트라교는 기본적으로 비밀 종교 단체이기 때문에 종교의 교리나 가입자들의 신상정보를 외부로 알리지 않았다. 심지어 미트라교 신도들은 예배가 열리는 자리에서도 각자의 얼굴을 가면으로 가릴 만큼, 보안 유지에 심혈을 기울였다. 여성들은 남성에 비해 열등한 존재로 여겨졌기 때문에 여성이 미트라교에 들어오는 일은 결코 허락되지 않았다.

미트라교도 다른 종교처럼 성직자 제도가 있었다. 미트라교의 성직자는 총 7개의 위계로 나뉘었다. 처음 입교하여 교리 공부와 수련을 어느 정도 마친 신도들은 가장 낮은 계급의 성직자인 '까마귀'에 임명된다. 그 다음은 '신부(아내)' '군인' '사자' '페르시아인' '태양'의 순서대로 계위가 올라가며 최고위의 성직자는 '장로'라고 불렸다.

로마 제국의 탄압

3세기에 전성기를 구가하던 미트라교는 4세기 말 회복 불능의 치명타를 맞는다. 로마 황제 테오도시우스 1세(347~395)가 392년 11월 8일, 칙령을 발표하여 오직 기독교만을 로마 제국의 유일한 종교로 선언함과 동시에 다른 종교를 믿거나 다른 신을 숭배하는 것을 엄격히 금지한 것이다. 그 명단에는 미트라교도 포함되어 있었다.

미트라교 신도들은 이에 반발하여 반란을 일으켰으나, 수많은 인명 피해만 내고 로마군에게 무참히 진압을 당했다. 로마 황제들은 미트라교 신전 접근과 예배를 금지하고, 이를 어기는 사람들을 사형에 처할 정도로 강력하게 미트라교를 박해했다.

미트라교 내부의 문제도 한몫했다. 본래 미트라교는 교리를 글로 남기지 않고 신도들끼리 예배에서 만나 은밀하게 말로만 전하던 비밀 종파였다. 그런데 신도들이 만나는 예배 의식 자체를 금지시켜버리니, 교리를 주고받을 수 없게 된 것이다. 그렇게 미트라교는 더 이상 외부로 전해질 수 없는 상황에 처했다. 결국 5세기가 끝날 무렵, 미트라교는 로마 제국의 탄압에 완전히 질식사하고 말았다.

미륵을 기다리는 세상

미트라교가 후세에 남긴 영향은 결코 적지 않았다. 로마 제국이 기독교로 개종하면서 미트라교를 탄압하기는 했지만, 그 과정에서 미트라교의 교리가 기독교에 녹아들었던 것이다.

현재 세계 기독교 교회들은 모두 12월 25일을 예수가 태어난 날로 여기고 경축한다. 하지만 예수가 정확히 언제 태어났는지는 알 수 없다. 예수가 태어난 달과 날을 기록으로 남기지 않은 탓이다.

반면 미트라교에서 미트라는 12월 22일, 낮이 밤보다 길어지는 동짓날에 태어났다고 전해진다. 나중에 가면서 이날은 12월 25일로 바뀌었는데, 로마 황제들은 그것을 예수의 탄생일로 대체했다. 예수가 정의의 태양이라는 이유에서다. 그러니까 우리가 지금 알고 있는 크리스마스는 원래 미트라의 탄생을 축하하는 날이었다.

미트라교의 영향력은 서방뿐만 아니라 동방에도 미쳤다. 미트라교는 동서무역로를 타고 인도로 전파되었다. 이 과정에서 미트라는 장차 미래에 나타나 인류를 구원할 부처인 마이트레야Maitreya로 이름이 바뀌어 불교에 편입되었다. 인도의 마이트레야는 다시 동쪽의 중국 당나라로 전해져 한자식 이름인 '미륵'으로 바뀌었고, 불교 신자들에게 숭배받기 시작했다. 특히 거짓을 벌하며 진실을 수호하고 인간의 영혼을 보살펴준다는 미륵불(미트라)은 부패한 조정과 탐관오리들에게 고통을 받던 백성들에게 큰 위안이 되었다.

당나라 이후 중국, 한국 등 동아시아 각국에서 일어난 민란들 중 상당수는 '장차 미륵불이 와서 썩은 세상을 뜯어고치고, 백성들이 행복하게 살 수 있는 낙원을 연다!'라는 명분을 내걸었다. 원나라를 멸망으로 몰아간 홍건적, 청나라에 맞선 백련교도, 조선을 뒤엎으려 했던 승려 집단 '당취' 등은 모두 미륵불을 신봉하던 세력이었다. 그처럼 민란을 일으킨 사람들은 미륵불이 다스리는 새로운 세상을 꿈꾸면서 권력의 폭압에 맞섰다.

우리 역사에서도 미륵은 매우 친근한 존재다. 한 예로 신라가 쇠퇴하던 후삼국시대, 가장 강력한 군벌로 활동하며 후고구려를 세운 궁예弓裔 (?~918)는 그 자신이 열렬한 미륵 신봉자이면서 나중에는 백성들에게 아예 자신이 인간의 몸으로 세상에 나타난 미륵이라고 주장했다. 실제로 궁예는 승려 출신으로 직접 20권의 불경을 지을 정도로 불교 지식에 해박했다. 궁예가 지었다는 불경의 내용 중 일부가 함흥 지방 무당들이 부르던 노래인 〈함흥무가咸興巫歌〉에 실려 있다.

궁예는 자신이 쓴 불경에서 석가모니를 따르는 기존의 불교 교단들이 근본이 비열한 도둑인 석가의 엉터리 가르침을 믿고서 세상을 어지럽혔으니 이제 진정한 부처인 미륵, 즉 자신이 세상을 바로잡겠다고 했다. 고승 석총은 그런 궁예의 가르침에 반발하며, "대왕께서 지으신 불경은 모두 사악하고 괴이한 말이니, 도저히 사람들에게 가르칠 수 없습니다."라고 말했다가 죽임을 당했다.

궁예는 그런 반발을 힘으로 억누르고 미륵불 신앙을 더욱 굳건히 지켜갔으나, 918년 자신의 부하 왕건이 일으킨 반란으로 제거당하고 역사 속에 그저 미치광이 폭군으로만 기억되고 있다. 하지만 궁예가 말한 미륵불 신앙은 결코 헛되이 사라지지 않았다. 그의 시대로부터 1000년이 지나도록 미륵은 백성들의 마음속에 '언젠가 이 혼탁한 세상과 고통받는 백성들을 구하기 위해 올 구원자'로 깊이 남았기 때문이다. 〈함흥무가〉에서는 미륵이 천지를 창조한 최고 신이라고 말하는데, 그만큼 미륵에 대한 백성들의 추앙이 매우 컸음을 알 수 있다. 비록 궁예는 정치적으로 패배했지만 그가 설파한 미륵 신앙은 오래도록 기억되었으니 이 또한 역사의 아이러니가 아닐까.

종교가
몰아낸
종교들

드루이드는 세계를 유지하는 힘이 '재생'과 '균형'이라고 믿었다. 예를 들어, 하나의 생명을 살리기 위해서는 다른 하나의 생명이 희생되어야 한다는 것이다. 그래서 드루이드는 아픈 환자를 치유하거나 풍년을 기원하기 위해서는 반드시 살아 있는 제물을 신에게 바쳐야 한다고 주장했다.

드루이드교

아서 왕 전설의 뿌리, 켈트족 신들의 이야기

"모든 갈리아인들은 영혼이 불멸한다고 믿는다."
 - 율리우스 카이사르의 《갈리아 전기》에서

각종 게임이나 소설, 만화, 영화, 드라마 같
은 대중 예술 작품들에서는 '드루이드Dru-
id'라는 이름이 흔하게 등장한다. 그리고 일
반적으로 드루이드는 신비한 마법을 부리
는 마법사로 그려진다. 드루이드는 본래 고
대 유럽을 지배했던 켈트족의 사제를 가리
키는 말이었다. 비록 지금은 켈트족도 드루
이드도 사라졌지만, 그들이 역사 속에 남긴

두 명의 드루이드를 묘사한 그림. 프랑스
베네딕트 수도회 수도사 베르나르 드 몽포
콩Bernard de Montfaucon의 1719년 작품.

흔적은 현재까지 전해 내려오고 있다.

켈트족의 사제, 드루이드

켈트족은 지금의 우크라이나와 카스피 해 동쪽의 대초원에서 서서히 유럽으로 진출했다. 그 세력이 절정에 달한 기원전 5세기에는 영국과 아일랜드에서 프랑스와 벨기에, 스페인과 포르투갈, 스위스와 오스트리아, 이탈리아 북부, 루마니아와 헝가리, 체코, 독일 등 거의 모든 유럽에 걸쳐 분포했다. 켈트족은 기본적으로 농부였지만, 약탈과 정복을 즐기던 전사이기도 했다. 그들은 기원전 390년 로마를 공격해 7개월 동안 점령했으며, 마케도니아의 왕을 전사시키기도 했다. 소아시아 반도까지 쳐들어가 갈라티아라는 왕국을 세우는가 하면, 이집트 왕을 위한 용병으로 수백 년 동안 복무하기도 했다.

하지만 켈트족은 심오한 자연의 진리를 찾는 철학자이기도 했다. 모든 켈트 부족들은 드루이드라 불리는 성직자 계급을 두었는데, 그들은 매우 존경받아서 왕조차 함부로 대하지 못했다. 아무리 권력이 큰 왕이라고 해도 드루이드들에게 의견을 물어 자문을 구한 다음 비로소 일을 진행했다.

켈트족은 드루이드를 죽이면 저주를 받는다고 믿었기 때문에 부족 간에 전쟁이 일어나도 드루이드들은 결코 목숨을 위협받지 않았다. 전쟁이

자신이 죽인 적의 목을 들고 있는 켈트족 전사. 켈트족의 용맹은 대단해서 그리스, 이집트, 로마에서 오랫동안 용병으로 고용되었다. 영국 화가 존 화이트 John White의 1590년 작품.

마법의 물약을 만들고 있는 드루이드. 드루이드들은 겨우살이가 신성한 풀이라고 믿었고, 이를 채취하여 각종 약을 만들었다. 메이릭 경Sir S. R. Meyrick이 1815년 출간한 《*The Costume of the original inhabitants of the British Islands, from the earliest periods to the sixth century*》의 삽화.

나면 드루이드들은 군대를 따라 나섰다. 이들은 자신들이 알고 있는 약초 치료법을 이용해 부상당한 병사들을 치료하고, 전사한 병사들의 영혼을 무사히 저승으로 보내는 천도제를 치렀다. 전투 직전 양 군대의 선두에는 반드시 드루이드가 나와 상대편 군대에 온갖 저주의 말을 퍼부어 그들의 패배를 기원하는 의식도 치렀다.

이처럼 드루이드는 단순한 성직자가 아니었다. 부족민들을 상대로 생활과 신앙에 관한 지식을 알려주고, 왕족과 귀족을 대상으로 부족이 나아가야 할 길을 가르쳐주는 지식인이자 의사, 학자였다. 드루이드는 왕족이나 귀족을 대신해 사실상 켈트 사회를 이끌어나갔다.

드루이드의 위상은 고대 인도의 사제 계급 브라만과 비슷하다. 브라만 역시 성직자인 동시에 지식인이자 학자였으며, 그들은 왕족과 귀족인 크샤트리아보다 더 높은 대우를 받았다. 인도 사회에서 브라만을 죽이는 것은 신성모독으로 간주될 만큼 큰 죄악으로 여겨졌다. 이는 켈트족의 언어가 인도-유럽어족에 속해 고대 인도인들과 같은 문화적인 환경을 지녔기 때문일 것으로 추정된다.

드루이드교의 가르침

드루이드들이 신봉하던 종교 드루이드교는 어떤 교리를 담고 있었을까? 유감스럽게도 이 질문에 대한 정확한 답은 찾기 어렵다. 우선 드루이드들은 글자로 지식을 남기지 않았고 모든 지식을 외워서 전해주는 구전 방식을 따랐다. 드루이드교의 교리는 경전에 의해 보존된 것이 아니라, 켈트족 내부에서 입에서 입으로 전해졌다. 더구나 켈트족이 로마 제국과 오랜 전쟁을 벌이는 과정에서 드루이드교의 많은 부분이 파괴되고 나중에 전파된 기독교에 의해 완전히 소멸된 터라, 현재 드루이드교의 교리는 자세히 전하지 않는다. 다만 갈리아족(지금의 프랑스인 갈리아에 살던 켈트족의 일파)을 정복한 로마 장군 율리우스 카이사르가 쓴《갈리아 전기》에 드루이드교의 가르침 일부가 남아서 전해진다. 우리는 이를 통해 드루이드교의 교리를 추측할 수 있을 뿐이다.

《갈리아 전기》에 실린 드루이드교의 교리는 다음과 같다. 드루이드들은 사람이 죽어도 몸만 사라질 뿐 그 영혼은 결코 죽지 않아서 다른 몸을 찾아 새로운 사람으로 태어난다고 믿었다. 쉽게 설명하면 환생이다. 사람이 죽었다가 다른 사람으로 다시 태어난다는 환생 관념은 동양뿐 아니라 서양에도 존재했던 것이다. 또한 드루이드는 두건이 달린 흰옷을 입었는데, 이는 흰색이 가장 순수하고 아름다운 색이라고 믿었기 때문이다. 제2차 세계대전 당시 영국의 처칠 수상이 흰옷을 즐겨 입은 것도 그가 드루이드교 신자였기 때문이라는 주장도 있다.

드루이드는 세계를 유지하는 힘이 '재생'과 '균형'이라고 믿었다. 예를 들어, 하나의 생명을 살리기 위해서는 다른 하나의 생명이 희생되어야 한다는 것이다. 그래서 드루이드는 아픈 환자를 치유하거나 풍년을 기원하기 위해서는 반드시 살아 있는 제물을 신에게 바쳐야 한다고 주장했다.《갈리아 전기》에는 드루이드들이 신에게 풍년을 기원하려고 버드나무 가지들을 엮어 만든 거대한 사람 모습의 바구니에 살아 있는 사람들을 넣고 불태워 죽이는 의식을 치른다는 내용도 있다. 이 점을 두고 카이사르는 드루이드들이 살아 있는 사람을 희생 제물로 바친다고 비난했다.

실제로 전 세계 고대 종교에서는 사람을 제물로 바치는 인신공양 의식이 보편적이었다. 로마인들조차 포에니 전쟁 같은 큰 위기가 찾아오면 산 사람을 땅속에 그대로 생매장해 신에게 바치는 의식을 치르기도 했다. 이 점을 감안한다면 드루이드교에서도 신에게 매우 중요한 대가를 바라는 의식에서는 사람을 제물로 바쳤을 것으로 여겨진다.

모든 종교에는 반드시 숭배하는 신이 있기 마련이다. 드루이드교에서 신봉한 신은 누구였을까? 드루이드교는 자연을 신격화한 종교라 신의 숫자가 그야말로 무궁무진하다. 신들의 이름은 아일랜드, 영국, 프랑스 등 각 지역마다 다른데, 이는 켈트족의 언어가 지역마다 차이가 났기 때문이다. 하지만 이름만 조금씩 다를 뿐 맡은 기능은 같았다.

켈트족의 신앙 세계는 아일랜드에 살던 켈트족들이 기독교로 개종한 이후, 그들의 조상이 원래 믿던 신들과 관련된 신화를 기록한《침략의 책》에 나와 있다.(단, 이 책에도 드루이드교의 교리 자체에 대해서는 자세히 나와 있지 않다.)《침략의 책》에 따르면 켈트족은 태양의 신 루Lugh, 바다의 신 마나난 Manannan, 하늘의 신 누아다Nuada, 대지의 신 수켈루스Sucellus, 죽음의 신 케르눈노스Cernunnos, 천둥의 신 타라니스Taranis, 전쟁의 신 테우타테스 Teutates, 저승의 신 돈Donn 등 수많은 신을 섬겼다. 켈트족은 기독교도처

켈트족의 인신공양 의식인 위커맨Wicker man. 버
드나무 가지들을 엮어 만든 바구니에 사람들을 넣
고, 불에 태워 죽이면서 신에게 제물로 바쳐 풍년
을 기원했다. 이런 의식은 켈트족의 시대로부터
1000년이 훨씬 지난 후까지 그 잔재가 남아 있었
는데, 루이 14세 무렵 프랑스에서도 개와 고양이,
여우들을 큰 바구니에 넣어 불태워 죽이고 사람들
이 구경하는 행사가 있었다. 작자 미상의 18세기
중엽 작품.

켈트족의 천둥신 타라니스. 대지에 비를 뿌
려 풍요를 주는 신으로 여겨졌고, 갈리아 지
역에서 주로 숭배받았다. 프랑스 국립고고학
박물관 소장.

럼 엄격한 유일신 신앙은 갖고 있지 않아서 여러 신을 동시에 섬기기도 하고, 다른 신들을 믿는다는 이유로 박해하지도 않았다.

다른 원시 신앙과는 달리 드루이드교에서는 태초에 이 세상이 어떻게 창조되었으며 인간이 어떻게 세상에 나타났는지에 대해 다룬 창조 신화가 없다. 원래부터 드루이드교에서 창조 신화가 없었는지, 아니면 창조 신화를 다룬 내용이 실전失傳되어 전하지 않는지 여부는 불분명하다. 개인적으로는 후자인 것 같다.

드루이드교의 신들은 인간에게 그다지 자비롭지 않았다. 그들은 자신들에게 작은 축복이라도 기대하려면 반드시 제물을 바치라고 요구했다. 만약 신도들이 제물 바치기를 소홀히 한다면, 흉년이나 전염병 등의 재앙을 퍼뜨려 무서운 벌을 내렸다. 드루이드교에서는 모든 인간이 죽으면 저승으로 가는데, 저승에는 나쁘거나 무서운 것들이 전혀 없고 오직 죽은 자를 편안히 대우하는 낙원만이 있다고 주장했다. 아서 왕 전설에 나오는 낙원 아발론은 바로 드루이드교에서 말한 저승의 이미지가 반영된 것이다. 드루이드교는 사람이 만든 건물에 신의 힘을 가둘 수 없다고 여겨 신들을 섬기는 사원이나 건물을 따로 짓지 않았다. 대신 나무가 우거진 숲속에서 신들을 숭배하는 의식을 치렀다. 숲속에 신들이 살고 있다고 믿었기 때문이다.

지금까지 남아 있는 영국의 스톤헨지는 드루이드들이 태양과 별의 운행을 측정하던 장소였다. 그렇기 때문에 한동안 스톤헨지가 드루이드들이 지은 건물이 아니냐는 추측도 있었으나, 21세기 들어 영국 고고학계

여성 드루이드를 묘사한 그림. 프랑스 화가 알렉산드르 카바넬Alexandre Cabanel의 작품.

가 방사능탄소연대측정법으로 정밀 검토한 결과 스톤헨지는 켈트족이 영국에 상륙하기 훨씬 전인 기원전 4000년에 이미 건설된 유적으로 밝혀졌다. 말하자면 드루이드는 오래된 고대 유적 스톤헨지를 보고 신비하게 여겨 하늘의 별자리를 관찰하는 데 사용했던 것이다.

이 밖에 드루이드교에서는 남자뿐 아니라 여자도 사제가 될 수 있었다. 훗날 기독교에서는 남자만 정식 사제가 되고, 여자는 수녀에 머문 점을 본다면, 오히려 드루이드교가 기독교보다 남녀 평등적이고 여성의 인권을 높이 생각했다고 볼 수도 있다.

기독교, 드루이드교를 소멸시키다

앞서 말한 대로 드루이드들은 문자로 지식을 남기지 않았다. 대신 모든 지식을 외워 입에서 입으로 전했다. 그런 만큼 드루이드들은 사제 수업 20년을 온통 교리 암송에 매달렸다. 20년 동안 선배 드루이드들이 말해 주는 모든 지식을 다 외워야만 비로소 드루이드가 되었던 것이다.

카이사르는 《갈리아 전기》에서 갈리아에 살던 켈트족은 드루이드가 되려는 사람들을 브리튼(오늘날의 영국)으로 보내 사제 수업을 받게 한다고 적었다. 켈트족은 자신들의 신앙이 원래 브리튼에서 나왔다고 믿었기 때문이라는 것이다. 당시 켈트족은 브리튼을 성스러운 곳으로 여겼던 듯하다. 실제로 로마 지배 이전에 드루이드교가 가장 성행했던 지역은 브리튼이었고, 그중에서도 웨일스 북쪽의 앵글시 섬은 당시 모나 섬으로 불리며 모든 드루이드교 신앙의 중심지 역할을 한 성소였다.

그러나 로마 제국이 1세기 후반 갈리아와 브리튼을 정복하자 드루이드교는 큰 탄압을 받았다. 드루이드교가 로마 제국의 지배에 저항하여 켈트족으로 하여금 로마 제국에 맞서 반란을 일으키라고 선동을 했기 때문이다. 현대적 관점에서 본다면 자폭 테러를 일으키도록 부추기는 이슬람 원리주의 성직자들이 바로 드루이드였던 셈이다.

그래서 로마 제국은 106년, 장군 수에토니우스에게 모나 섬을 공격하라고 명령했다. 수에토니우스는 2만의 로마군을 이끌고 모나 섬을 습격하여, 모든 드루이드를 학살하고 드루이드교와 관련된 유물과 유적을 철저히 파괴해버렸다. 이 때문에 드루이드교는 치명타를 입었고, 오늘날 우리는 드루이드교에 관한 지식을 얻을 수 없게 되었다. 노인 한 명이 죽으면 도서관 하나가 없어진다는 아프리카 속담처럼, 드루이드교의 지식을 외워서 전해주는 사제들이 대부분 죽었으니 지식도 사라져버린 것이다.

하지만 드루이드교를 끝낸 것은 그들이 증오했던 로마가 아니라 전혀 예상치 못한 엉뚱한 상대였다. 바로 새로운 종교 기독교였다. 313년 로마 제국의 콘스탄티누스 대제가 기독교를 공인하면서 점차 기독교를 믿는 로마인들이 많아졌다. 395년 테오도시우스 황제가 기독교를 로마의 국교로 삼자 기독교는 명실상부한 로마의 종교가 되었다.

당시 유럽은 로마 제국의 지배를 받고 있었기 때문에 기독교는 로마

전쟁터에서 패배한 켈트족을 묘사한 조각상.
켈트족이 믿었던 드루이드교는 로마의 탄압과 기독교의 확장으로 소멸되는 운명에 처했다.
이탈리아 카피톨리니Capitoline 박물관 소장.

의 위세를 빌려 빠르게 확산되었다. 브리튼과 아일랜드 등 켈트족 사회
에도 5세기 중엽이 되자 기독교가 전파되었다. 브리튼 출신의 로마인이
었다가 기독교를 믿은 이후 아일랜드로 가서 선교 활동을 벌였던 파트
리키우스Patricius 같은 열정적인 선교사들이 나타난 것이다. 파트리키우
스는 오늘날까지 아일랜드의 수호성인으로 숭앙받고 있으며, 미국으로

이민 간 아일랜드계 주민들이 벌이는 성 패트릭 축제 역시 바로 파트리키우스의 이름을 딴 것이다.

　드루이드교를 믿던 켈트족에게 기독교는 커다란 문화적 충격이었다. 탐욕스럽고 변덕이 심하며 인간에게 모든 일마다 끝없이 제물을 요구하는 드루이드의 신들과 기독교의 예수는 전혀 달랐다. 파트리키우스 같은 선교사들은 예수가 신의 아들이자 이 세상에 나타난 신이며 인간을 너무나 사랑했기 때문에 인간을 대신해 죽었다가 다시 부활했다고 가르쳤다. 아울러 예수 본인이 스스로 제물이 되었으니 예수를 믿으면 이제 더 이상 귀찮게 제물을 바칠 필요가 없다는 말도 덧붙였다.

　기독교 선교사들은 뛰어난 선교 전술을 채택했다. 초기 교회가 그랬던 것처럼 도둑이나 범죄자, 사회에서 소외받던 천하고 가난한 사람들을 찾아가 "당신들은 신이 사랑하는 축복받은 사람들이다!"라고 말하면서 그들을 끌어들였던 것이다. 그전까지 켈트 사회에서 소외받던 사람들은 이에 감동을 받고 너도나도 기독교로 개종했다.

　기독교 선교사들은 세계를 지배하는 로마 제국도 기독교를 믿었으니 당신들도 기독교를 믿으면 로마와 친구가 되어 뛰어난 문명이 주는 혜택을 받을 수 있다는 말도 덧붙였다. 고대 유럽에서 로마는 오늘날 미국처럼 강력하고 발달한 문물을 가진 초강대국이었다. 켈트의 각 부족장들은 로마를 두려워하면서도 부러워했고, 이런 로마와 다리를 놓아주겠다는 기독교 선교사들의 말에 솔깃할 수밖에 없었다.

　결정적으로 기독교는 문자로 된 경전인 성경을 가지고 있었다. 이것이 기독교가 드루이드교보다 포교에 월등히 유리했던 점이다. 드루이드교는 모든 지식을 오랜 시간에 걸쳐 외워야 하는 불편함이 있었지만, 기독교는 문자만 배우면 누구나 금방 읽을 수 있는 경전이 있었다. 그래서 기독교는 드루이드교보다 훨씬 빠른 속도로 성직자를 많이 배출했고, 그만큼 대중들을 휘어잡는 영향력도 더 강했다. 결국 7세기 이후, 기독교는 영국과 아일랜드에 퍼져 있던 드루이드교 신앙을 완전히 소멸시키고 켈트 사회를 지배하게 되었다.

드루이드교의 흔적

드루이드교의 흔적이 역사 속에서 완전히 사라진 것은 아니다. 비록 기독교에 눌려 소멸되기는 했으나, 드루이드교의 잔재는 여전히 켈트족의 후예인 영국과 아일랜드 사회에 남아 있다. 오늘날 아일랜드 기독교의 상징인 켈틱 십자가는 십자가의 중심에 둥그런 원이 그려진 형태이다. 이것은 원래 드루이드교의 태양신 루의 상징이었다. 루의 문양인 둥근 원 안의 십자가가 훗날 기독교 선교사들에 의해 약간 변형된 채로 계속 전해졌던 것이다.

또한 영국 북부 스코틀랜드와 서부 웨일스에서는 18세기까지 농부들이 흉년이 들면 산이나 계곡에 빵을 던지면서 풍년을 기원하는 관습이 있었다. 이는 드루이드교에서 신들에게 풍년을 빌며 제물을 바치던 의식

아서 왕과 원탁의 기사들을 묘사한 중세의 그림. 일각에서는 본래 켈트족들이 믿던 신들이
인간의 모습으로 탈바꿈한 것이 바로 아서 왕과 그의 신하들이라고 주장한다.

이 변형된 것이었다.

영국을 대표하는 영웅 아서 왕 전설에 등장하는 수많은 기사들도 알
고 보면 옛 드루이드교의 신들이라는 주장이 있다. 랜슬롯이나 가웨인,
트리스탄 같은 기사들은 특이하게도 태양이 가장 빛나는 정오가 되면
평소보다 그 힘이 몇 배나 강해지고 밤이 오면 힘을 잃고 약해진다. 이런
설정에 대해서 본래 원탁의 기사들은 켈트족이 숭배했던 태양신들이었
는데, 후대로 가면서 기독교 문화 속에 편입되는 과정을 거치며 그들이

신의 위치에서 기사로 바뀌게 되었다는 주장도 있다.

뿐만 아니라 아서 왕 본인도 사실은 켈트족의 신이었다는 견해도 있다. 영국의 신화 연구가 존 리즈John Rhys(1840~1915) 교수에 의하면 아서 Arthur라는 이름 자체가 본래 갈리아인들이 섬기던 숲과 곰, 풍요의 신 아르타이우스Artaius에서 유래했는데, 기독교가 켈트족 사회에 전파되면서 신성을 상실했으며, 반半신화적이고, 역사적인 아서 왕으로 변형되었다는 것이다.

한편 19세기 빅토리아 시대에는 죽은 사람의 영혼을 불러온다는 강령술이 크게 유행했다. 강령술은 기독교에서 우상 숭배로 간주하여 엄격히 금지하고 있는 풍습이다. 엄격한 기독교 문화가 지배하던 빅토리아 시대에 강령술이 성행했다는 사실은 다분히 비기독교적이었다. 이는 20세기 초 영국에 '고대 드루이드교'라는 종교 단체가 존재하고 있던 점과 연결시켜보면 매우 흥미로운 지점이 아닐 수 없다.

일주일 중 화, 수, 목, 금요일의 영어 단어들은 모두 앵글로-색슨족을 포함한 고대 게르만족 신들의 이름에서 따왔다. 화요일인 튜즈데이Tuesday는 하늘과 맹세의 신 티우에게, 수요일인 웬즈데이Wednesday는 워든에게, 목요일인 서즈데이Thursday는 투노르에게, 금요일인 프라이데이Friday는 풍요의 신 프레이에게 각각 제사를 지내는 날이었다. 비록 기독교에 밀려 신의 자리는 잃었으나, 그들은 일주일의 이름 속에서 영원한 생명을 얻었다.

앵글로-
색슨족의
고대 신앙

신들의 황혼

"누구나 지나간 세월 앞에서는 쓰러질 수밖에 없다."

-《에다》에서

20세기 중엽까지 영국은 '대영제국'이라 하여 전 세계 곳곳에 방대한 식민지를 거느리면서 국제 정세를 주도하던 초강대국이었다. 영국에서 시작된 영어와 민주주의, 대학교와 금융 등 각종 근대적인 문물들은 19세기 영국의 최전성기에 세계 곳곳으로 퍼져나간 것들이다. 그런 면에서 영국은 여전히 매우 중요한 위치에 있는 나라다.

영국英國은 잉글랜드England를 한자로 옮긴 것인데, 앵글로-색슨족이 사는 땅이라고 하여 붙여진 이름이다. 오늘날 지구촌을 통틀어 가장 널리 쓰이는 영어도 본래는 고대 유럽의 게르만계 부족인 앵글족Angles과 색슨족Saxons이 사용한 말이었다.

침략자 앵글족과 색슨족

앵글족과 색슨족의 원래 고향은 영국이 아니었다. 앵글족은 지금의 덴마크 남쪽에서, 색슨족은 독일 서북쪽의 작센 지역에서 살았다. '작센'이라는 이름도 '색슨(작센)'족이 살았다고 해서 붙여진 이름이었다. 즉, 오늘날 영국인과 독일인은 같은 조상을 둔 것이다. 이들이 처음 자신들의 존재를 드러낸 때는 3세기였는데, 로마 제국이 지배하던 브리튼(영국의 옛 이름)과 갈리아(프랑스의 옛 이름)의 해안 지역을 자주 습격하여 로마군과 전투를 벌였다.

하지만 앵글족과 색슨족이 항상 로마와 적대적인 관계였던 것은 아니었다. 그들은 로마의 엄청난 부를 탐내어, 로마군에 용병으로 복무하면서 돈을 받는 생활을 하기도 했다. 고대 영국을 연구하는 고고학자들은 4세기 무렵부터 앵글족과 색슨족 용병들이 로마 제국이 지배하던 영국에서 용병으로 근무했던 흔적을 발굴해냈다.

그럼에도 불구하고 여전히 두 부족은 로마 제국에 위험한 존재로 취급되었다. 367년 브리튼 북부(스코틀랜드)의 픽트족과 아일랜드의 스코트족이 색슨족과 동맹을 맺고 대대적으로 브리튼을 침략해왔다. 서양사에서는 이 사건을 가리켜 '거대한 음모'라고 부르는데, 비록 로마 제국의 재빠른 대처에 밀려 실패하기는 했지만 색슨족이 그저 단순히 노략질만 하는 야만족이 아니라 영토 정복을 위한 전략을 짤 수 있는 수준으로 성장했음을 보여주는 사례였다.

410년 로마 제국은 브리튼에 주둔 중인 모든 로마군을 유럽 대륙으로 철수시켰다. 이탈리아 본토가 연이어 게르만계 부족들의 침략에 시달리자 멀리 떨어진 식민지 브리튼에 군대와 자금을 소모할 수 없었던 것이다. 로마군이 떠났다는 소식을 들은 앵글족과 색슨족은 그들의 고향보다 훨씬 따뜻하고 풍요롭지만 군사적으로 허약한 땅 브리튼을 노려 배에 몸을 싣고 바다를 건너 침입하기 시작했다. 지금의 덴마크 북부에 살았던 그들의 친척뻘인 주트족Jutes은 430년대부터 전설적인 족장 헹기스트Hengist와 호사Horsa의 지휘를 받으며 브리튼으로 건너가 타넷Thanet 섬을 근거지로 삼아 점차 세력을 넓혀갔다. 색슨족은 그들의 지도자인 엘레Aelle 왕을 따라서 441년부터 브리튼에 정착하기 시작했다. 단, 모든 색슨족이 고향을 버리고 브리튼으로 몰려간 것은 아니었다. 원래 거주지인 작센 지역에 계속 살면서 부족 연합체를 이루었던 작센족(색슨족)도 있었다. 앵글족은 다른 친척들보다 늦은 5세기 말에야 브리튼으로 이주했다.

이 세 게르만계 부족들은 브리튼의 원주민인 켈트족을 학살하거나 노예로 복속시키면서 오늘날 잉글랜드라 불리는 땅의 대부분을 차지했다. 켈트족은 그들의 압제를 피해 웨일스나 스코틀랜드, 아일랜드로 달아났다. 그래서 지금까지도 이 세 지역은 옛 침략자의 후손인 잉글랜드 주민

들에게 은근히 적대 감정을 품고
있다.

앵글로-색슨족이 세운 7왕국을 나타낸 지도.

그렇게 브리튼에 정착한 게르
만 부족들은 각기 나라를 만들어
서로 대립하거나 교류하면서 영
국의 중세 시대를 열었다. 주트족
은 켄트Kent 왕국을, 색슨족은 에
식스Essex와 서섹스Sussex 및 웨섹
스Wessex 왕국을, 앵글족은 머시
아Mercia와 노섬브리아Northumbria
및 이스트 앵글리아East Anglia 왕
국을 세웠다. 이 나라들을 가리켜
서양사에서는 앵글로-색슨 7왕국
이라고 부른다.

주트족과 색슨족, 앵글족은 언어나 문화에서 별다른 차이점이 없었다.
이해를 쉽게 하기 위해 비유하자면, 서울과 인천, 수원 사람들 사이의 차
이 정도였다. 그들 중 가장 인구가 적었던 주트족은 색슨족에게 흡수되
었지만 앵글족은 색슨족과 대등한 세력 균형을 유지하여, 앵글족과 색
슨족을 앵글로-색슨족이라고 부르게 되었다. 앵글로-색슨 7왕국 중에
서 웨섹스는 상당히 중요한데, 그것은 스칸디나비아 반도에서 쳐들어온
바이킹을 물리치고 국가 체제를 가다듬어 중세 영국사에서 가장 위대한

영웅으로 꼽히는 알프레드Alfred 대왕이 바로 웨섹스의 통치자였기 때문이다. 그리고 보면 색슨족이 중세 영국의 기틀을 세웠다고 해도 과언이 아니다.

앵글로-색슨족의 전통 신앙

앵글로-색슨족은 게르만 계통의 부족이기 때문에, 유럽 본토의 게르만족과 같은 신들을 믿었다. 다만 게르만족의 신들은 지역마다 약간씩 다른 이름으로 불렸다. 독일에서는 보탄Wotan과 도나르Donar와 티바츠Tiwaz라 했고, 스칸디나비아에서는 오딘Odin과 토르Thor와 티르Tyr라 했으며, 잉글랜드에서는 워든Woden과 투노르Thunor와 티우Tiw라고 불렸다. 이들은 이름만 조금씩 다를 뿐, 모두 같은 신이다. 보탄-오딘-워든은 전쟁과 마법(혹은 하늘)의 신이었고, 도나르-토르-투노르는 천둥과 농사의 신이었으며, 티바츠-티르-티우는 하늘(혹은 전쟁)과 맹세의 신이었다.

　앵글로-색슨족의 구체적인 종교관은 알려져 있지 않다. 그러나 이들이 게르만족의 일파임을 감안한다면 그들의 친척인 북게르만(스칸디나비아) 신화에 담긴 세계관과 거의 같을 것이라 짐작할 수 있다. 아이슬란드 학자 스노리 스툴루손이 13세기에 편찬한 문헌 《에다Edda》에는 게르만족의 신들과 세계관이 잘 나타나 있다. 최초의 생명체이자 거인인 이미르

발할라에서 잔치를 벌이는 오딘과 다른 신들 및 인간들.
독일 화가 에밀 도에플레르Emil Doepler의 1905년 작품.

Ymir를 오딘이 죽이고 그 시체로 우주를 창조했으며, 이후 오딘은 토르와 티르 같은 다른 신들을 낳아 발할라(천국)를 채우고, 이미르의 후손들인 서리 거인과 산악 거인들에 맞서 최후의 전쟁 라그나로크를 벌이다 전사하고 만다. 대부분의 신들은 오딘을 따라 죽지만, 라그나로크가 끝난 후에 죽었던 빛의 신 발드르(오딘의 아들)가 다시 살아나 세계를 평화롭게 다스린다는 것이 게르만 전통 신앙의 기본 틀이었다. 죽음으로 시작해서 죽음으로 끝나는 암울한 세계관은 아마도 게르만족이 언제나 전쟁과 약탈이 끊이지 않는 환경에서 살았던 데에서 영향을 받은 듯하다.

앵글로-색슨족은《에다》에 기록된 신들 이외에 자신들만의 독특한 신도 숭배했다. 브리튼으로 이주한 색슨족은 세악스네아트Seaxneat, 다른 말로는 색스노트Saxnot라 불리는 신을 숭배했다. 세악스네아트는 모든 색슨족의 수호신이자 색슨족 왕가의 조상신으로 추정되는데, 에식스 왕조는 자신들이 세악스네아트의 후손이라고 주장했다. 에식스 왕조는 오파Offa 왕의 6대 조상이 세악스네아트이며, 그 위의 7대 조상은 워든이라는 기록을 남겼다. 일설에 의하면 세악스네아트는 원래 색슨족의 최고 신이었다가 훗날 워든의 아들로 그 위치가 낮아졌다고 한다. 앵글족도 이 신을 믿었는지는 알 수 없으나 두 부족은 거의 같은 문화와 언어를 지녔기 때문에 충분히 받아들였으리라 짐작할 수 있다.

색슨족은 봄과 생명, 출산을 다스리는 두 명의 여신 흐레타Hretha와 에오스트레Eostre도 믿었다. 오늘날 부활절을 가리키는 영어 단어 이스터Easter도 색슨족의 여신 에오스트레를 기리는 축제에서 그 이름이 유래했다. 7세기 이후 색슨족이 기독교로 개종하고 나서도 에오스트레 신앙은 부활절 축제를 알리는 이스터로 바뀌어 계속 그 흔적을 남겼던 것이다.

이 밖에도 색슨족은 이르민Irmin이

앵글로-색슨 유적지에서 발굴된 일명 '서튼 후Sutton Hoo의 투구'. 앵글로-색슨 예술의 대표적인 작품으로 꼽힌다. 투구의 표면에는 용을 비롯하여 앵글로-색슨족이 숭배한 고대 종교에 대한 내용들이 새겨져 있다.

라 불리는 전쟁의 신을 숭배했다. 이미 전쟁의 신 워든과 티우가 있는데, 또 다른 전쟁의 신을 믿었다는 것에 의문이 생길 법도 하나 그리스인들도 아레스와 아테나라는 각기 다른 전쟁의 신을 함께 믿었던 점을 감안한다면 그리 특별한 일이 아니다. 이르민은 색슨족이 사용한 고대 영어에서 '강력함' '완벽함'을 뜻하는 말이었다. 브리튼으로 이주한 색슨족은 색스노트를 수호신으로 숭배한 반면, 독일 본토에 남아 있었던 색슨족(작센족)은 이 이르민을 최고 신으로 섬겼다. 일설에 이르민은 오딘 이전에 고대 게르만족의 최고 신이었던 티르(티우)와 같은 신이라고 한다.

다른 고대 사회에서처럼 앵글로-색슨족의 왕들도 반신半神적 존재인 신들의 자손으로 여겨졌다. 대부분의 왕은 자신들이 워든이나 프레이(풍요의 신) 같은 게르만족 신들로부터 핏줄을 이어받았다고 주장했으며, 훗날 8세기에 활동한 알프레드 대왕의 아내도 자신의 조상이 워든이라고 말할 정도였다.

앵글로-색슨족에게는 영웅 전설도 있었다. 2007년 11월 국내에서 개봉된 할리우드 영화 〈베오울프〉는 브리튼에 정착한 앵글로-색슨족이 구전으로 전해 듣던 영웅 베오울프Beowulf 전설을 스크린으로 옮긴 것이다. 베오울프 전설은 앵글로-색슨족 사이에서 구전되다가 8세기 무렵 처음 문서로 기록되었다고 추측된다. 현재 남아 있는 베오울프 서사시는 옮겨 적는 과정에서 워낙 기독교적인 색채가 많이 들어가 원래의 내용을 알아보기 어렵다. 다만 베오울프 서사시를 연구하는 학자들에 따르면 원문에서 언급된 기독교 신은 사실 워든(오딘)이었으며, 베오울프와 싸우는 사악한 늪지 괴물 그렌델Grendel과 그 어미는 게르만 신들의 적인 거인족이었다고 한다.

웨섹스 왕국의
왕실 문장에 그려진 와이번.

그렌델 이외에도 앵글로-색슨족은 두 개의 날개로 하늘을 날아다니며 불을 뿜어 사람을 죽이는 용 와이번Wyvern의 존재를 믿었다. 와이번 신앙은 앵글로-색슨족 문화에 큰 영향을 끼쳤는데, 베오울프 서사시에서 주인공 베오울프를 죽이는 용도 바로 와이번(서사시 원문에는 Wyrmes)이었으며, 웨섹스 왕국의 왕실 문장에도 와이번이 그려져 있었다. 2013년에 개봉한 영화 〈호빗: 스마우그의 폐허〉에 등장한 용 스마우그도 바로 색슨족의 와이번에서 영향을 받았다.

인간의 탄생과 죽음에 대해서는 어떻게 생각했을까? 아마도 《에다》의 내용처럼 워든(오딘)이 나무를 깎아 최초의 남자 아스크Ask와 여자 엠블라Embla를 만들었다고 여겼을 것이다. 그리고 전쟁터에서 용감하게 전사한 사람들은 오딘이 다스리는 하늘나라 발할라로 올라가서 매일같이 돼지고기와 벌꿀 술을 먹고 마시며 즐기다가 라그나로크에 참전하여 모두 죽고, 평범하게 늙거나 병에 걸려 죽은 사람들은 죽음의 여신 헬Hel이 다스리는 어두운 세계인 '헬'로 간다고 여겼을 것이다. 참고로 이 단어에서 바로 지옥을 뜻하는 영어 단어 헬hell이 유래했다.

저승을 다스리는 게르만 신화의 여신 헬.
독일 화가 요하네스 게흐르츠Johannes Gehrts 의 1901년 작품.

다른 게르만 부족들처럼 앵글로-색슨족도 워든(오딘)이 만들었다고 알려진 룬 문자Runic alphabet를 사용했다. 그들은 룬 문자에 신비한 마력이 있다고 여겨 점을 치거나 부적을 쓸 때에 돌이나 나무에 룬 문자를 새겼다. 그러나 룬 문자는 글자 수가 적어서 긴 글을 쓰기 어려웠고, 대개 기념할 일을 짧게 새기는 정도에서 그쳤다.

기독교로의 개종

395년 테오도시우스 황제가 기독교를 로마의 국교로 삼은 뒤, 게르만족들은 5세기에 이르러 로마 제국의 국경을 돌파하고 서유럽 각지에 정착하여 자연스레 기독교와 접촉하게 되었다. 그때부터 전통 신앙과 기독교의 갈등이 시작된다. 갈리아와 스페인 및 이탈리아에 정착한 프랑크족과 서고트족, 동고트족이 6세기 중엽 모두 전통 신앙을 버리고 기독교로 개종한 반면, 브리튼과 독일의 색슨족은 8세기에서 9세기 중엽에 이르러서야 기독교를 받아들였다. 스칸디나비아의 바이킹들은 무려 11세기가 되어서야 옛 신앙을 포기하고 기독교로 개종했다. 대체적으로 로마 제국과 가까운 지역의 게르만족들은 일찍 개종했던 반면, 로마와 먼 지역의 게르만족들은 늦게 개종했다.

브리튼에 앵글족과 색슨족이 정착한 시점은 대략 5세기 중기에서 후기이다. 이때 두 부족은 게르만 전통 신앙을 믿고 있었으며, 그들의 적이자 브리튼의 원주민인 켈트족은 이미 기독교로 개종한 상태였다. 그러나 초기의 앵글족과 색슨족은 켈트족이 믿었던 기독교를 철저히 외면했고, 그로 인해 기독교는 한동안 침체기를 맞아야 했다.

　그런데 앵글족과 색슨족은 자신들이 믿던 전통 신앙을 원주민 켈트족에게 강요했을까? 브리튼에 침입한 두 부족은 교회를 상대로 약탈과 방화를 일삼는 등 기독교를 존중하지 않았으나, 그들이 켈트족에게 게르만 전통 신앙을 강요한 흔적은 찾을 수 없다. 물론 전통 신앙을 믿는 게르만족이 이방인들에게 자신들의 종교를 강요한 일이 아주 없지는 않다. 839년 아일랜드에 침입한 바이킹 투르게이스Turgeis는 아일랜드의 기독교 신자들에게 예수 대신 토르를 숭배하라고 강요하기도 했다. 하지만 앵글족과 색슨족이 켈트족에게 개종을 강제한 증거는 찾을 수 없는데, 아마 그들은 기독교를 우습게 여기면서도 아주 없애버리려 하지는 않았던 것으로 추측된다. 간혹 새 주인이 된 앵글족과 색슨족에게 잘 보이고자 일부러 기독교를 버리고 게르만 신앙을 받아들인 켈트족도 있었을 것이다.

　거의 150년 동안 죽은 상태였던 브리튼의 기독교는 597년 로마의 그레고리 교황이 보낸 어거스틴 수도원장과 선교사들이 켄트 왕국의 타넷 섬에 상륙하면서 다시 살아나기 시작했다. 타넷 섬은 브리튼에 처음 발을 디딘 주트족의 본거지였는데, 아이러니하게도 기독교의 근거지가 되어 브리튼에 퍼져나가게 되었던 것이다.

　켄트의 에설버트Ethelbert 왕(560~616)은 어거스틴 수도원장을 환영하며

에설버트 왕을 묘사한 옥스퍼드 대학교의 스테인드글라스.

그가 자신의 영토에서 자유롭게 선교할 수 있도록 허락했다. 에설버트 왕이 무슨 생각으로 기독교 신앙의 상륙을 승인했는지는 알 수 없으나, 기독교가 지배하는 중세 유럽의 국제무대에서 보다 유리한 위치를 차지하기 위한 외교적 방편이었던 듯하다. 그리하여 597년 켄트를 시작으로 앵글로-색슨족 사회에서 기독교가 새로운 종교로 부각되었다.

노섬브리아의 에드윈Edwin 왕(586~633)은 폴리누스 주교의 기도 덕분에 자신을 죽이려던 암살자의 칼을 막아내고 왕비가 무사히 딸을 낳았다고 생각해서 앵글로-색슨족의 전통 신앙을 버리고 기독교를 받아들였다. 그러나 633년 에드윈 왕은 옛 신앙을 믿었던 머시아의 펜다Penda(?~655)에게 패배하여 살해당했고, 노섬브리아 왕국이 기독교를 버리고 옛 신앙으로 돌아간 왕들에게 지배당하면서 기독교 전파는 한동안 지장을 받았다. 그럼에도 불구하고 657년 노섬브리아 왕실은 힐다의 수도원에서 열린 종교 회의를 통해 다시 기독교를 받아들이기로 결정했다.

앵글로-색슨족이 전통 신앙을 버리고 기독교로 개종했던 이유는 무엇이었을까? 첫째, 그들이 믿던 신들보다 기독교의 예수가 더 강력한 신이라고 생각했기 때문이다. 노섬브리아의 에드윈 왕이 기독교를 받아들인 이유 중 하나도 자신이 예수를 믿으면 전쟁에서 승리할 수 있다고 생각했기 때문이었다. 496년 프랑크 왕국의 클로비스 왕도 알레마니족과의 전쟁을 앞두고 예수에게 "만약 당신이 나를 이기게 한다면 조상들의 신 대신 당신만을 섬기겠다."라고 기도를 올렸고, 실제로 대승을 거두자 예수가 게르만 신들보다 더욱 강력하다고 판단하여 전통 신앙을 버리고

에드윈 왕을 묘사한 스테인드글라스. 기독교로 개종했다가 이교도 왕들에게 죽임을 당하여 이후 영국 기독교회에서 성인으로 추대했다.

머시아의 펜다 왕을 묘사한 스테인드글라스. 펜다 왕은 앵글로-색슨족 전통 신앙을 강하게 믿었고, 기독교를 좋아하지 않아 영국 내 기독교 전파에 큰 걸림돌이 되었다.

기독교를 택했다.

둘째, 기독교의 사후세계에 대한 관념이 앵글로-색슨족의 전통 신앙보다 더 잘 잡혀 있었기 때문이다. 앵글로-색슨족의 전통 신앙에서 인간은 죽어서 신들이 사는 발할라로 올라가도 최후의 전쟁에서 모두 죽거나 끝없는 어둠과 음울함만이 지배하는 헬로 내려가야 한다. 그런데 기독교에서는 예수를 믿기만 하면 영원불멸하고 행복만이 있는 천국으로 올라간다고 하니, 죽음 이후를 두려워하는 사람이라면 기독교 쪽에 더 마음이 쏠렸을 것이다.

셋째, 국제무대에서 이익을 얻기 위함이었다. 당시 유럽 대륙의 프랑크 왕국이나 서고트 왕국 등 많은 나라들이 기독교로 개종한 지 오래였고, 그들 간의 세력 다툼 조정을 로마의 교황청이 맡아서 하고 있었다. 또한 중세 유럽에서는 기독교가 국교였으며, 기독교를 믿어야 국제무대에서 좀 더 유리한 위치를 차지할 수 있었다. 그래서 앵글로-색슨족의 왕들도 기독교 개종을 통해 더 많은 이득을 취하려 했던 것이다.

그러나 기독교에 대한 앵글로-색슨족의 믿음은 그리 굳건하지 못했다. 그들은 위기가 닥칠 때마다 자주 기독교를 버리고 워든과 투노르 등을 섬기던 전통 신앙으로 돌아갔다. 예를 들면 린디스판 교회의 커스버트 주교는 그가 맡은 교구에 대재앙이 돌자, 교구민들 중 많은 수가 나쁜 행동으로 기독교 신앙을 더럽히고 우상을 숭배하며 주문이나 부적으로 위기를 벗어나려 했다고 한탄했다. 커스버트 주교가 언급한 대재앙은 전염병을 가리키는 듯한데, 전염병이 돌자 앵글로-색슨족 주민들이 기독교에서 '우상'이라고 금지한 옛 신들을 섬기며 주문과 부적을 썼다는 이야기를 하는 것이다. 로마 교황이 임명한 테오도르 켄터베리 대주교는 669년 색슨족이 게르만 신들을 섬기는 사원을 다시 세우는 장면을 보았으며, 리폰의 월프리드 주교를 제외하면 자신의 교구에 주교가 전혀 없었다고 기록했다. 그런가 하면 이스트 앵글리아의 레드왈드 왕은 켄트 왕국에서 성경을 공부하고 기독교 교리를 배웠으나, 고향에 돌아오자 옛 신앙을 믿던 왕비와 사제들을 무시할 수가 없어서 기발한 절충안을 고안해냈다. 기독교의 신과 게르만 신들을 함께 숭배했던 것이다. 물론 독실한 기독교 신앙을 가진 성직자들은 이조차도 사악한 우상 숭배라고 비난했다.

이렇게 전통 신앙과 새로운 신앙 사이에서 우왕좌왕하던 앵글로-색슨족도 8세기 초 이후 점차 기독교로 기울게 된다. 기독교에는 교회와 수도원같이 성직자들을 교육시키는 체계적인 제도가 있었던 반면, 앵글로-색슨족의 전통 신앙은 그런 장치를 갖지 못했던 것이 패배의 결정적인 원인이었다.

747년 앵글로-색슨족의 7왕국은 클로베쇼 종교 회의를 통해 기독교를 받아들이기로 결정했다. 이 회의에서 잉글랜드의 모든 백성이 옛 게르만 신들을 숭배하거나 제물을 바치지 못하도록 하는 선언이 있었다. 색슨족이 브리튼에 최초로 상륙한 지 300년이 지나서야 전통 신앙을 버리고 기독교로 개종했던 것이다. 하지만 수천 년 동안 섬겨오던 신들에 대한 기억은 하루아침에 사라지지 않았다. 독실한 기독교도였던 웨섹스

알프레드 대왕을 묘사한 스테인드글라스. 독실한 기독교도이면서 잉글랜드 대부분을 지배하며 국가 제도를 크게 정비하고 바이킹의 침입도 막아내어 중세 영국사에서 가장 훌륭한 성군으로 칭송받았다.

영국의 맨 섬에 11세기 무렵 세워진 비석. 라그나로크의 내용을 나타냈는데, 왼쪽은 투노르-토르가 바다의 뱀인 요르문간드를 망치로 내리치는 장면이고, 오른쪽은 워든-오딘이 괴물 늑대 펜리르에게 패배하여 삼켜지는 최후를 새겼다.

의 알프레드Alfred 대왕은 침략해온 바이킹들과 평화협상을 맺으면서 천둥의 신인 토르(투노르)의 이름으로 맹세를 했다. 그런가 하면 영국의 변방인 맨 섬Isle of Man에는 무려 11세기에도 《에다》에서 말한 라그나로크의 내용을 묘사한 비석이 세워지기도 했다.

샤를마뉴와 작센전쟁

작센족, 즉 독일 본토에 살던 색슨족들은 브리튼으로 이주한 동족들보다 더 전통 신앙에 집착했고, 그만큼 기독교에 대한 거부감도 심했다. 잉글랜드의 학자 비드가 쓴 《영국민의 교회사》에는 두 명의 잉글랜드인 선교사가 작센 지역에 기독교를 전하자, 작센족이 선교사들을 칼로 찌르는 등 온갖 고문을 하고 나서 강물에 던져 죽였다는 내용이 나온다. 그들이 자신들의 신앙을 버리게 하고 기독교로 개종시킬 것을 우려했기 때문이다. 작센족은 브리튼의 색슨족보다 전통 신앙을 약 100년 동안이나 더 오래 보존했다.

그러던 중에 8세기 말 작센족의 신앙과 문화는 결정적인 파국을 맞게 된다. 중세 서유럽의 대부분을 지배했던 프랑크 왕국의 샤를마뉴Charlemagne가 작센족의 영토에 야심을 갖고 군대를 보내 침략한 것이다. 아울러 샤를마뉴는 열렬한 기독교 신자였는데, 자신의 왕국 가까이에 아직도 이교도들이 있다는 사실을 무척 불쾌하게 여기고 모든 작센족을 기독교로 개종시키려는 작업까지 밀어붙였다. 이에 작센족은 자신들의 고향과 신앙을 지키기 위해 프랑크 왕국에 맞서 싸웠다. 서양사에서 '작센 전쟁'이라 부르는 이 전쟁은 772년에 시작되어 804년까지 32년간 지속됐다.

당시 프랑크 왕국은 서유럽의 최강대국으로 이슬람 제국의 침입을 격퇴시키고, 사나운 유목민 아바르족도 멸망시키는 등 강력한 위세를 떨치고 있었다. 하지만 그들에 맞서는 작센족도 결코 나약한 집단은 아니었다. 작센전쟁을 치르는 동안 아달기실Adalgisile을 비롯하여 프랑크 왕국의 고관도 4명이나 전사했으며, 작센족 영토로 깊숙이 진격했던 프랑크 왕국의 군대는 번번이 작센족에게 포위되어 전멸당하기 일쑤였다. 작센족은 프랑크 군대를 상대로 그들의 먼 조상인 게르만 부족이 깊고 어두운 숲속에서 로마군을 상대로 매복과 기습전을 벌여 승리했던 전술을 사용해서 효과적으로 저항했다. 특히 프랑크 왕국의 주력 부대는 평지에서는 뛰어났지만 숲속으로 들어가면 취약한 기병이었던 반면, 작센족의 주력 부대는 숲속에서 게릴라전을 벌이는 데 뛰어난 보병이어서 유리했다.

그러나 최종적인 승리는 프랑크족에게 돌아갔다. 샤를마뉴는 여러 차례 직접 원정군을 이끌고 작센족을 공격했다. 수많은 프랑크군을 전멸시켰음에도 결국 작센족은 패배하고 말았다. 승패를 결정지은 가장 중요한 요소는 바로 두 집단의 체제에서 비롯되었다. 프랑크 왕국은 강력한 단일 지도자 아래 잘 조직되어 작센족보다 더 많은 병사와 인적 자원을 동

샤를마뉴에게 항복하고 기독교로 개종하는 비두킨트를 묘사한 그림.
프랑스 화가 알폰소 마리에 아돌프 드 네우빌의 1869년 작품.

게르만족이 오랫동안 신들의 성소로 숭배했던 떡갈나무를 베어버린 기독교 선교사.
독일 화가 에밀 도에플레르Emil Doepler의 1905년 작품.

원할 수 있었지만, 작센족은 프랑크 왕국처럼 정치적 통일을 이룬 집단이 아닌 부족 연합체에 불과했기 때문에 병력 동원 능력에서 불리할 수밖에 없었다. 브리튼에 정착한 동족들과는 달리 작센족은 많은 부족장들이 백성들을 다스렸으며 전쟁이 일어나면 부족장들끼리 전쟁을 총지휘할 최고 지도자를 한 명 선출하여 그의 지시를 받다가, 전쟁이 끝나면 최고 지도자는 자리에서 물러나고 다시 예전처럼 부족장들끼리 백성들을 다스리는 방식이었다. 작센전쟁을 맞아 프랑크 군대와 싸운 작센족의 최고 지도자는 비두킨트Widukind(730~807)였다. 그는 매우 용감한 장군으로 여러 차례 프랑크군의 침략을 격퇴시켰으나, 결국 785년 샤를마뉴에게 항복하고 그의 명령에 따라 기독교로 개종했다. 비록 패배하기는 했어도 비두킨트는 이후 독일 전설에서 훌륭한 영웅으로 칭송받았다.

그러나 최고 지도자 한 사람이 항복했다고 해서 곧바로 작센족 전체가 굴복한 것은 아니었다. 비두킨트가 항복한 이후에도 작센전쟁은 19년이나 더 이어졌다. 공식적인 작센전쟁의 종결은 804년이었으나, 그로부터 무려 41년 후인 845년까지 작센 지역에서는 프랑크 왕국에 저항하는 반란이 그치지 않았다. 작센전쟁이 이처럼 길어진 데에는 기독교를 앞세워 작센족을 정복하고 노예로 삼으려는 프랑크 왕국에 대한 불만과 저항이 가장 큰 원인으로 작용했다.

작센전쟁은 끝나는 날까지 잔혹한 대량 살육과 파괴가 줄을 이었다. 샤를마뉴는 포로로 잡힌 작센족 전사들을 집단 학살하는 일도 서슴지 않았고, 프랑크 군대는 작센족이 섬기던 이르민을 비롯한 여러 신들의 성소로 여겨진 거대한 나무들을 모조리 베어버렸다. 흔히 이슬람교를 가리켜 '한 손에는 칼, 한 손에는 코란'이라고 하여 힘을 앞세운 개종을 강요한다고 하지만 기독교도 그에 못지않았던 것이다.

막대한 희생을 치른 끝에 프랑크 왕국은 작센족을 정복하고 그들이 섬기던 전통 신앙을 파괴하여 기독교를 전파하는 데 성공했다. 그러나 작센족 전부가 프랑크 왕국에 굴복한 것은 아니었다. 프랑크 왕국이 무력을 앞세워 강제로 기독교를 믿게 한 것에 불만을 품은 작센족은 결혼 동맹으로 인척 관계를 맺은 덴마크의 데인족(덴마크 출신의 바이킹)에게로 달아났다. 샤를마뉴가 죽은 후에 프랑크 왕국은 데인족의 격렬한 침략을 받아 큰 피해를 입는데, 그들이 작센족에게 저지른 학살과 핍박에 대한 보복을 당한 것이라 볼 수 있다.

일주일의 이름

앵글로-색슨족은 영어와 잉글랜드라는 유산을 남겼으나, 자신들의 전통 신앙은 제대로 보존하지 못했다. 그들은 기독교 성직자들과 같이 자신들의 종교를 변호해주는 조직이나, 기독교의 성경처럼 전통 신앙을 잘 정리한 문헌을 만들지 못했다. 그나마 지금 남아 있는 앵글로-색슨족의 전통 신앙에 관한 내용들은 기독교 성직자들이 남긴 단편적인 기록에 의존해서 추측할 뿐이다.

그러나 앵글로-색슨족의 전통 신앙은 아직도 우리 주변에 남아 있다. 그들이 사랑했던 영웅 서사시 〈베오울프〉는 영문학 연구에서 빼놓을 수 없는 중요한 교재이며 예수의 부활절을 뜻하는 영어 단어 '이스터Easter'는 앵글로-색슨족이 숭배한 봄의 여신 에오스트레Eostre를 섬기는 축제의 이름에서 유래했다.

　아울러 일주일 중 화, 수, 목, 금요일의 영어 단어들은 모두 앵글로-색슨족을 포함한 고대 게르만족 신들의 이름에서 따왔다. 화요일인 튜즈데이Tuesday는 하늘과 맹세의 신 티우에게, 수요일인 웬즈데이Wednesday는 워든에게, 목요일인 서즈데이Thursday는 투노르에게, 금요일인 프라이데이Friday는 풍요의 신 프레이에게 각각 제사를 지내는 날이었다. 비록 기독교에 밀려 신의 자리는 잃었으나, 그들은 일주일의 이름 속에서 영원한 생명을 얻었다.

모든 우상들 중 가장 오래된 것은 마나트였다. 마나트의 우상은 메디나와 메카 사이의 바닷가에 세워졌다. 두 지역을 포함한 모든 아랍인들도 그녀를 존경했으며, 그녀 앞에 나아가 희생 제물을 바쳤다. 다른 지역의 아랍인들은 메카로 순례를 오면 그녀를 기리기 위해 면도를 했다.

고대 아랍의 신앙

사라진 수백의 신과 정령들

"정해진 운명은 신조차 피할 수 없다."
- 헤로도토스의 《역사》에서

오늘날 이슬람교는 기독교에 버금가는 세계적 종교다. 전 세계에 13억의 이슬람교 신도, 이른바 무슬림들이 살고 있다. 이슬람교를 창시한 민족이 바로 아랍인이고 이들의 경전 코란은 아랍어로 적혀 있기에 무슬림이라면 어느 정도 아랍어를 할 줄 알아야 한다. 이슬람교는 유일신인 알라만을 섬기는 종교다. 그러나 아랍인들이 처음부터 이슬람교를 믿었던 것은 아니다. 예언자 무함마드가 7세기 이슬람교를 창시하기 이전까지 아랍인들은 여러 신을 믿는 다신교도였다.

고대 아랍의 신들

✚

아랍인은 현 아라비아 반도의 토착민으로 셈족Semites 계통의 민족이다. 이들은 사막에서 낙타, 양, 염소 등 가축을 키우며 살았고 여러 부족으로 나뉘어 서로 죽고 죽이는 이른바 '피의 복수'를 벌였다. '피의 복수'는 아랍 부족들의 고유한 관습법인데, 어느 한 부족의 사람이 다른 부족의 사람을 죽이거나 다치게 하면 피해를 입은 부족의 사람이 피해를 입힌 부족의 누구에게나 복수할 수 있는 풍습이었다. 그래서 아랍 부족들은 오랫동안 단결하지 못하고, 수십 개의 씨족으로 나뉘어 서로 싸우면서 지냈다.

자연적인 경계가 없는 사막에 살다 보니 아랍인은 외래문화에 매우 개방적이었으며 주변에서 흘러들어온 신앙도 모두 받아들였다. 이슬람교로 개종하기 전 아랍인들은 360여 신을 섬겼다. 이슬람 제국이 최전성기를 누리던 시기에 살았던 아랍인 학자 히샴 이븐 알-칼비Hisham Ibn Al-Kalbi(737~819)는 이슬람교가 출현하기 이전에 아랍인이 믿었던 여러 신에 관한 내용을 기록해 《키타브 알-아스남Kitab al-Asnam》이라는 책을 남겼다. 뜻을 번역하면 '우상의 책'이 되는데, 글자 그대로 당시에 이미 우상으로 간주된 고대 아랍의 신들을 기록한 책이다.

이 책에 의하면 고대 아랍인들이 숭배한 신들 중에서 최고의 신은 후발Hubal이었다. 《우상의 책》은 후발의 신상이 붉은색 마노로 만들어졌으며 거기에 황금으로 만든 두 손을 달아놓았고 오늘날 이슬람교의 성지 메카의 카바 신전에 후발의 신상이 모셔져 있었다고 기록했다. 아랍인들은 그를 숭배할 때마다 100마리의 낙타를 제물로 바쳤으며, 이슬람교를 창시한 예언자 무함마드의 할아버지 압둘 무탈립은 자신의 열 자녀 중 한 명을 후발을 위해 희생시킬 것을 맹세했다고 한다. 후발의 기원은 아라비아 반도 본토가 아니라, 현재 이라크가 위치한 메소포타미아나 가나안 지역으로 추정된다. 일부 학자들은 후발이 고대 가나안인이 믿었던 하늘과 풍요의 신 '바알'이 아랍으로 전해진 것이라고 추정한다. 후발은 하늘에서 비를 내려 대지를 풍요롭게 하며, 전쟁터에 나가 싸우는 전사들을 지켜주는 전쟁 신으로도 숭배를 받았다.

후발 다음으로 중요하게 여겨진 신은 여신들이었다. 메카와 타이프 지역의 주민들은 알라트Allat 여신을 숭배했다. 《우상의 책》에 의하면 알라트도 후발처럼 메카의 카바 신전 안에 신상이 있었는데 네모난 바위 형태였다. 코란에는 마나트Manat와 알 우자Al Uzza와 함께, 후발과는 다른 최고 신인 알라의 딸

낙타를 타고 있는 알라트 여신상.

요르단 페트라에서 발견된 알 우자와 마나트 조각상.

중 한 명으로 언급된다. 알라트는 메소포타미아 신화에서 지하세계의 여
신인 에레쉬키갈Ereshkigal의 다른 이름으로 간주된다. 후발처럼 알라트도
북쪽의 메소포타미아에서 남쪽의 아라비아 반도로 전해진 신이었다. 알
라트의 다른 이름인 알라투Allatu 는 카르타고에서 중요한 여신으로 숭배
되었다. 아라비아 반도 북쪽의 페트라와 하트라 지역 주민들은 알라트가
그리스 아테나와 로마 미네르바와 같은 여신이라고 믿었다. 그래서 알라
트를 가리켜 '위대한 여신'으로 불렀다. 아울러 그리스 역사가 헤로도토
스는 자신의 책인《역사》에서 고대 아랍인이 디오니소스와 아프로디테

를 믿는다고 주장했는데, 그가 말한 아프로디테는 알라트를 가리키는 것으로 보인다.

알라트와 비슷한 위치에 있는 또 다른 여신은 알 우자였다. 이 여신을 상징하는 신상은 나무로 만들었으며, 아라비아의 강력한 세력인 쿠라이시Quraysh 씨족이 숭배했다. 이슬람교의 창시자인 예언자 무함마드도 쿠라이시 씨족 출신이니 그의 조상들은 알 우자를 믿었을 것이다. 실제로 쿠라이시 씨족은 전투에 나갈 때마다 그녀의 이름을 외치며 전장에서 승리를 기원했다. 알 우자는 이슬람 이전에 아랍인들이 알라트 및 마나트와 더불어 중요하게 숭배했던 세 여신 중 한 명이었다. 로마와 접촉하면서 그리스-로마 문화를 받아들였던 나바테아(현재 요르단 지역)인들은 알 우자를 그리스 여신 아프로디테나 로마 여신 비너스와 동일시하면서 숭배했다. 코란에서도 알 우자는 아랍인들이 숭배했던 여신으로 언급된다.

알라트와 알 우자, 마나트가 함께 새겨진 조각상. 세 여신이 사자 위에 있는 모습으로 보아 메소포타미아에서 신들을 묘사했던 양식에 영향을 받은 듯하다.

세 여신 중 마지막은 마나트이다. 메카와 더불어 이슬람교의 성지로 알려진 메디나 주민들은 이 여신이 죽음과 운명을 주관한다고 믿었다. 마나트를 상징하는 신상은 큰 바위였다. 마나트는 최고 신 후발의 아내로 간주되었다. 코란에는 마나트가 알라트와 알 우자처럼 알라의 딸로 여겨졌다는 내용이 실려 있다. 일설에 의하면 마나트는 그리스 신화의 크로노스처럼 시간을 지배하는 여신으로도 여겨졌다.《우상의 책》은 마나트를 이렇게 설명한다.

> 모든 우상들 중 가장 오래된 것은 마나트였다. 마나트의 우상은 메디나와 메카 사이의 바닷가에 세워졌다. 두 지역을 포함한 모든 아랍인들도 그녀를 존경했으며 그녀 앞에 나아가 희생 제물을 바쳤다. 다른 지역의 아랍인들은 메카로 순례를 오면 그녀를 기리기 위해 면도를 했다.

마지막으로 아랍인들은 알라Allah도 믿었다. '알라'는 고대 가나안인·유대인들이 믿던 신 엘El인데, 아랍으로 전해져 알라가 되었다. 앞에서 언급한 것처럼 아랍인들은 알라를 마나트, 알 우자, 알라트 세 여신의 아

그 밖의 고대 아랍의 신

샴스Samas : 태양의 여신.

와드Wadd : 사랑의 여신.

알 콰움 Al Qaum : 카라반(무역상)인들의 수호신.

앰Amm : 달과 날씨, 번개의 신.

탈라브Talab : 예언의 신.

두사라Dushara : 산의 신.

둘 할라사 Dhul Halasa : 남부 아라비아에서 신봉한 예언의 신.

아타르사메인Atarsamain : 금성(샛별)의 신.

오늘날 사우디아라비아의 대도시이자 이슬람의 성지인 메카에 있는 카바 신전. 원래
는 이슬람 이전 시대에 세워진 신전이었다. 앞에 모셔진 것은 검은 돌인데, 이것은 이
교도 시절의 유산이다. 그래서 예언자 무함마드를 계승한 우마르도 "예언자께서 이
검은 돌에 입을 맞추지 않았다면, 나는 이 돌을 무시했을 것이다."라고 말했다.

ⓒMuhammad Mahdi Karim

버지라고 믿었다. 알라를 상징하는 신상은 거대한 검은색 바위인데, 오늘날 메카의 카바 신전에 모셔진 그 돌이다. 이슬람 연구 학자들은 이 검은 바위가 본래는 우주에서 떨어진 운석이었을 것이라고 추정한다. 그리고 성지순례를 온 사람들이 검은 바위에 돌을 던지며 악마를 쫓는 의식을 하는 것도 이슬람 이전의 숭배 의식에서 비롯되었다고 여겨진다.

예언자 무함마드는 알라가 유대교, 기독교에서 섬기는 유일신 야훼와 같은 신이라고 주장했다. 여기에 반론을 제기하는 기독교 학자들도 있는데, 알라는 아랍인들에게 달의 신으로 숭배를 받았다는 것이다. 여하튼 현대의 무슬림들은 알라가 유대교, 기독교의 신과 같은 존재라고 여기며, 유대교의 성인인 아브라함과 모세 및 기독교의 구세주인 예수도 알라가 보낸 예언자라면서 존경한다.

아랍의 정령, 진

아랍인들은 자연 세계에는 신 이외에도 여러 정령이 있어 세상의 흐름과 인간의 삶에 관여한다고 믿었다. 마치 우리 옛 풍습에서 도깨비가 있었다고 생각했던 것과 같다.

아랍인들이 믿었던 대표적인 정령은 진Jinn이었다. 디즈니 만화 같은 영어권 매체에서는 지니Jini라고 발음하는데, 진은 본래 '눈에서 숨겨진'을 뜻하는 아랍어 단어 잔Jan에서 유래한 말이다. 아랍어에서는 잔에서 파생된 다른 단어들이 있는데, 광기를 뜻하는 주눈Junun과 자궁 속에 숨겨진 태아를 뜻하는 자닌Janin, 미친 자를 뜻하는 마즈눈Majnun 등이다. 고대 아랍인들은 진이 씌운 사람은 미친다고 여겼기 때문에 광기와 진을 결부시켰다. 귀신이 사람에게 들어가 미치게 하는 이른바 빙의 현상과 같다고 보면 된다.

진은 우물이나 사막, 바람 등 사람이 사는 자연 곳곳에 숨어 있었다. 그들은 자기들 마음대로 사람을 골탕 먹이거나 축복을 내린다. 그래서 아랍인들은 진에게도 제물을 바치고 숭배했다. 진은 신보다 못하지만 신에 버금가는 존재로, 우주의 운명 같은 중대사는 신들이 결정하지만 일상의 사소한 일은 진들이 조종할 수 있다고 생각했던 것이다.

예언자 무함마드의 사촌동생이자 사위인 알리가 인간을 위협하는 사악한 진들과 싸우고 있는 모습을 그린 그림. 알리는 예언자의 후계자로 젊은 나이에 죽었는데, 사후에 수많은 무슬림이 그를 성자로 존경했다. 작자 미상의 1568년경 작품.

또한 사람이 마법의 힘을 쓰면 진을 붙잡아다 노예로 부리면서 이용할 수 있다고도 여겼다. 아랍권의 고전문학《아라비안 나이트》의 유명한 이야기 '램프의 요정'도 강력한 마법사에 의해 램프 속에 갇힌 진을 소재로 다룬다. 이 작품에서 진은 신비한 능력을 갖고 있어서 마음만 먹으면 하루아침에 거지를 부자로 만들거나 단 하룻밤 만에 거대한 궁궐을

바닷가에 사는 어부가 오래된 항아리를 건져 올렸는데,
그 안에 봉인되어 있던 진이 튀어나와 어부를 위협했다. 《아라비안 나이트》에 실린 일화 중 하나.

세울 수 있었다.

그런가 하면 아예 진이 신으로 취급받는 일도 있었다. 북서 아라비아 반도나 팔미라 근처에서 발견된 비문에는 진을 가리켜 '보람이 있는 좋은 신'이라는 찬사가 새겨져 있었다. 이슬람교가 등장하고 나서 진은 숭배를 받는 위치에서 인간에게 부림을 당하는 위치로 전락했으나, 한편으로는 여전히 강력한 마법을 부리며 인간에게 축복을 내려주는 존재로 남아 있다.

아랍인들은 진의 일종인 마리드Marid와 이프리트Ifrit도 믿었는데, 그들은 진보다 더 강력하고 거대하지만, 사악하고 무자비한 마음을 갖고 있다고 여겨졌다. 이슬람교가 등장한 후 마리드와 이프리트는 지옥에 살면서 인간을 괴롭히는 악마로 탈바꿈했다.

아랍인들의 생사관

이슬람교를 믿기 전의 고대 아랍인이 어떤 사후세계 인식을 가지고 있었는지 정확하게 보여주는 자료는 거의 없다. 다만 그들의 친척인 유대인이 조로아스터교와 접촉하기 이전, 소울이라 불리는 음침한 지하세계를 믿었던 것과 비슷하지 않았을까 추정할 수 있다. 아마도 죽은 사람의 영혼은 어두운 저승인 소울로 내려가서 지낸다고 생각했던 듯하다.

다만 소울은 지옥과는 엄연히 다른 개념이다. 지옥처럼 뜨거운 불과

가혹한 고문에 시달리며 고통을 받는 곳이 아니다. 그저 조용히 잠을 자고 있다가 후손들에게 어려운 일이 생기면 이승으로 나타날 수 있는 공간 정도였다. 구약성경에는 사울 왕이 주술사들을 통해 죽은 예언자의 영혼을 불러 대화를 나누는 장면이 나온다. 그처럼 고대 아랍인들도 죽은 자와의 소통을 믿었을 가능성이 있다.

훗날 무함마드는 이슬람교를 믿는 신도들에게 "전쟁터에서 죽으면 곧바로 영혼이 하늘로 올라가서 온갖 부귀영화를 누리며 행복하게 산다!"라고 외쳤다. 그 말을 믿은 무슬림들은 죽음을 두려워하지 않고 용맹하게 싸웠다. 그것은 어쩌면 이슬람교가 창시되기 전 아랍인들에게는 천국과 행복한 내세라는 개념이 없었다는 반증일지도 모른다. 이슬람교가 그토록 빠르고 광범위하게 확장된 것은 천국을 약속했기 때문일 수도 있다.

무함마드의 등장과
신들의 종말

오랫동안 이어진 아랍의 전통 신앙은 7세기로 접어들면서 종말을 맞았다. 쿠라이시 씨족 출신의 무역상 무함마드가 오직 유일신 알라만을 믿는 새로운 종교, 이슬람교를 들고 나왔던 것이다.

여러 신을 숭배했던 아랍 사회에서 어떻게 유일신 신앙이 탄생했을

천사 가브리엘로부터 계시를 받는 무함마드. 무함마드는 자신이 받은 계시를 토대로 유대교-기독교를 아랍 문화에 맞춰 개조한 이슬람교를 일으킨다. 처음에 모두가 비웃던 이슬람교는 얼마 안 가 스페인에서 인도에 이르는 광대한 지역에서 믿는 거대한 종교로 성장하며 세계사를 완전히 뒤바꿔놓았다. 작자 미상의 1307년경 작품.

까? 무함마드는 부유한 과부 하디자와 결혼했는데, 기독교인이었던 하디자의 사촌 바라카가 무함마드의 집에 자주 놀러와 기독교 경전을 보여주며 무함마드와 토론을 했다. 바라카를 통해 성경과 기독교 교리를 알게 된 무함마드는 그때까지 자신을 비롯한 아랍 부족들이 믿고 있는 전통 신앙을 다시 돌아보았다. 천지창조, 인류의 구원, 천국과 지옥 같은 방대하고 명확한 세계관을 갖고 있는 기독교에 비해 아랍 신앙은 애매

모호하고 보잘것없어 보였다.

한편 무함마드는 아랍 부족이 저마다 다른 여러 신을 믿고 있어서 싸움이 그치지 않고 분열된 상태에 있어, 로마나 페르시아처럼 강력한 나라를 세우지 못하는 것이라 한탄하고 있었다. 아마도 이런 이유로 성경의 교리에 아랍 문화를 가미한 이슬람교를 만들어냈을 것이다. 참고로 유대교와 기독교의 경전이기도 한 구약성경은 이슬람교에서도 경전으로 삼는다.

무함마드는 610(혹은 611)년, 자신이 동굴에서 명상을 하다가 천사 지브릴(가브리엘)로부터 계시를 받았다고 주장했다. 그 계시에 따르면 참된 신은 오직 알라 한 분뿐이고, 다른 신들은 전부 인간이 만든 아무런 생명도 없는 우상에 지나지 않으니 숭배해서는 안 되며, 만약 계속 우상과 다른 신들을 숭배하면 분노한 알라가 언젠가 최후의 심판을 내려 그들을 모두 영원한 불과 고통이 있는 지옥으로 떨어뜨린다는 것이었다.

하지만 처음부터 무함마드의 설교에 따르는 사람은 별로 없었다. 아랍의 유력한 부족들에게는 이제까지 자신들과 조상들이 믿었던 신들을 버린다는 것 자체가 꺼림칙한 일이었다. 게다가 알라를 믿지 않으면 전부 지옥에 떨어진다는 무함마드의 주장도 못마땅했다. 이슬람교를 설파하는 무함마드에 맞서, 아랍 부족의 장로들은 이렇게 반박했다.

오직 알라만을 믿어야 하고, 그렇지 않은 자는 지옥에 떨어진다니? 그럼 알라가 아닌 다른 신들을 믿었던 우리 조상들은 모두 지옥의 불구덩이에서

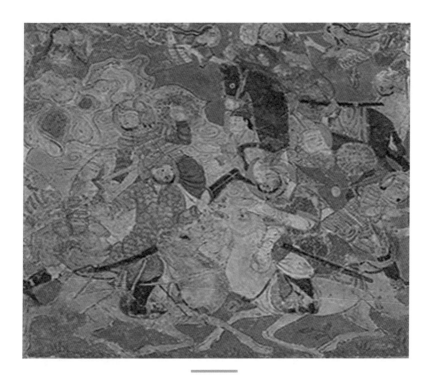

무함마드가 624년에 벌인 바드르 전투를 묘사한 삽화. 이 전투에서 승리한 무함마드는 이슬람교에 대한 열정을 더욱 굳게 다졌다. 반면 무함마드에 맞섰다가 패배한 아랍인들은 자신들이 믿는 신들이 이슬람교의 알라에게 굴복했다고 생각해서 이슬람교와 무함마드를 두려워하기 시작했다. 작자 미상의 14세기 작품.

고통을 받고 있다는 말인가?

오늘날 한국에서 '예수천국 불신지옥'을 외치며 기독교를 믿지 않으면 전부 지옥에 간다는 전도 문구를 못마땅하게 여기는 사람들처럼, 아랍인들도 '불타는 지옥'을 거론하며 이슬람교를 내세우는 주장을 불쾌하게 여겼던 것이다.

쿠라이시 씨족들도 친족인 무함마드의 설교를 듣고 거부감을 드러냈다. 그들은 무함마드에게 "자네가 말하는 최후의 심판은 정확히 언제 오는가? 또, 영원한 지옥불이라는 것이 대체 무엇인가? 자네가 그것을 직접 보기라도 했단 말인가?"라며 조롱했다. 무함마드의 설교에 반감을 품은 사람들은 그를 죽이려는 계획을 세우기도 했다.

결국 주변의 냉대와 박해에 위협을 느낀 무함마드는 추종자들과 함께 622년 메카를 떠나 메디나로 이주한다. 이슬람교에서는 이때를 성스러운 탈출이라는 뜻인 '헤지라'라고 부르며 이슬람교의 원년으로 삼고 있다. 메디나로 거처를 옮긴 무함마드는 이슬람을 믿지 않는 아랍 부족들을 향해 전쟁을 선포했다. 동시에 그는 아랍 부족들 내부의 빈부격차로 고통받고 소외된 사람들을 끌어들였고, '이슬람교로 개종하면 신분의 차이 없이 모두 평등하다!'는 교리를 설파하며 세력을 키워나갔다.

아랍 전통 신앙을 숭배하던 메카의 아랍 부족들은 점점 교세를 넓혀나가는 무함마드와 그 추종자들을 불안하게 여겨 624년부터 메디나를 집요하게 공격했다. 그러나 굳은 신앙으로 무장한 무슬림들은 627년 메디나 공방전에서 결정적인 대승리를 거둔다. 그리고 630년 무함마드는 메카로 입성하여 알라를 상징하는 검은 돌을 제외한 카바 신전의 360여 개의 우상들을 모조리 박살내고, 이제부터는 오직 유일신 알라만을 섬길 것을 선언한다. 거부하는 자들은 전부 죽임을 당할 판국이니, 다들 어쩔

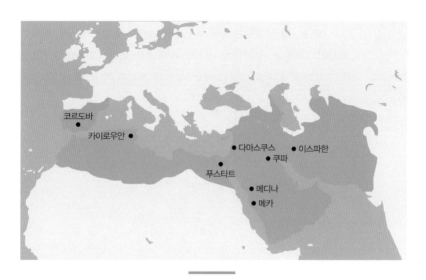

아랍인들이 세운 우마이야 왕조의 최대 전성기인 705년 무렵의 지도. 무함마드가 죽은 이후, 그의 후계자들이 정복한 영토를 보여준다. 불과 100년 만에 아랍인들은 이슬람교의 상징인 초승달이 그려진 깃발을 앞세우고 대외팽창에 나서 옛 로마 제국보다 훨씬 광대한 땅을 손에 넣었다.

수가 없었다.

630년의 메카 입성은 세계를 뒤흔드는 거대 일신교 신앙 이슬람교의 화려한 등장을 알리는 시작점인 동시에, 수천 년을 이어온 셈족-아랍 전통 신앙의 종말을 뜻했다. 오랫동안 아랍인 조상들이 극진히 섬겼던 후발과 알라트 같은 신은 그들을 믿었던 인간들의 후손에 의해 파괴되고 시간의 모래 속으로 잊혀져갔다.

슬라브족의 천지창조 신화에 따르면 태초의 우주에는 하늘과 바다, 그리고 하얀 신 '벨로보그'와 검은 신 '체르니보그'만 존재했다. 두 신은 바닷속에서 잠을 자고 있었는데, 벨로보그는 선량했고 체르니보그는 사악했다. 두 신은 서로의 성품대로 각각 선한 생명체와 악한 생명체를 만들었고, 나중에 일어난 전쟁에서 지혜로운 벨로보그의 군대가 무지한 체르니보그의 군대를 이겨 천지창조를 끝냈다.

리투아니아의
전 통 신 앙

유 럽 최 후 의
'이 교 도' 국 가

"생명은 물에서 시작되었다."

– 슬라브 신화를 설명하는 민담에서

우리에게 익숙한 신화는 그리스 신화나 구약성경의 창세기 정도이고, 1990년대부터 일본 대중문화의 영향으로 북유럽 신화, 켈트 신화가 겨우 알려지고 있는 추세다. 따라서 그보다 더 비주류인 동유럽 신화는 거의 아는 사람이 없다.

동유럽은 그리스와 로마 등 남유럽, 켈트의 서유럽 및 게르만의 북유럽보다 더한 오지였기 때문에, 문명의 발달이 느렸고 기독교 등 외래 종교가 늦게 들어와 전통 신앙이 더 오래 유지될 수 있었다. 로마 제국이 313년에 기독교를 받아들였던 것에 비해, 동유럽의 리투아니아는 무려

1386년에야 기독교로 개종했다. 유럽에서 가장 늦게 개종한 셈이다.

잊혀진 슬라브족의 신앙

기독교로 개종하기 이전 리투아니아는 슬라브족 전통 신앙을 믿어왔다. 슬라브족은 오늘날 러시아를 비롯하여 우크라이나, 벨로루시, 리투아니아, 라트비아, 폴란드, 체코, 슬로바키아, 세르비아, 크로아티아, 불가리아, 루마니아, 마케도니아 등 동유럽 국가 대부분을 세운 민족이다.

슬라브족은 오랫동안 원시적 수렵과 채집 생활에 머무르다 로마 제국이 분열되는 5세기 말에 비로소 그 이름이 역사에 등장한다. 이들의 이웃인 게르만족은 서유럽으로 진출하여 정착한 반면, 슬라브족은 동유럽으로 세력을 뻗어나갔다. 당시 동유럽은 동로마 제국(비잔티움 제국)이 지배하고 있었으나, 페르시아 및 아랍과의 전쟁으로 쇠약해져 있던 터라 슬라브족의 남하를 제대로 막지 못했다. 7세기 말로 접어들면 지금의 발칸 반도와 그리스 지역 대부분을 슬라브족이 차지하게 된다.

그렇게 남하해온 슬라브족은 동로마 제국과 싸우거나 협력하다가, 9~10세기에 들어온 기독교로 개종하고 전통 신앙을 버렸다. 940년 기독교 선교사 키릴루스와 메토디오스 형제는 문자가 없던 슬라브족에 성경을 보다 쉽게 전파하기 위해서 문자까지 만들어주었다. 이것이 러시아 등 슬라브계 국가들이 지금까지 사용하고 있는 키릴 문자다.

슬라브족에게 기독교를 전파하기 위해 키릴 문자를 만든 키릴루스와 메토디오스 형제.
불가리아 화가 자하리 조그라프Zahari Zograf의 1848년 작품.

기독교 개종은 슬라브족에게 양날의 칼이었다. 한편으로 발달한 동로마 문명을 받아들일 수 있었지만, 다른 한편으로 슬라브족 전통 신앙의 세계를 파괴하는 계기가 되었다. 슬라브족의 신앙은 문자가 없는 상태에서 입으로 전해졌는데, 기독교 전래와 함께 키릴 문자가 사용되면서 순식간에 잊혀지고 말았다. 따라서 슬라브족 전통 신앙의 세계관을 알기는 매우 어렵다. 슬라브족과 적대했던 동로마 역사서에 남아 있는 약간의 기록들과 전해지는 전설에 의존하여 어렵게 파악할 수 있을 뿐이다.

하얀 신과 검은 신

슬라브족은 크게 폴란드와 슬로바키아 등 서슬라브족과 러시아와 우크라이나 등 동슬라브족, 세르비아와 불가리아 등 남슬라브족으로 나뉜다. 그러나 그들의 신화는 신의 이름만 약간씩 다를 뿐 대부분 일치한다.

슬라브족의 천지창조 신화에 따르면 태초의 우주에는 하늘과 바다, 그리고 하얀 신 '벨로보그'와 검은 신 '체르니보그'만 존재했다. 두 신은 바닷속에서 잠을 자고 있었는데, 벨로보그는 선량했고 체르니보그는 사악했다. 벨로보그는 자신과 체르니보그만 우주에 존재한다는 사실이 쓸쓸하게 느껴져 새로운 세계를 창조하기로 마음먹었다. 벨로보그는 체르니보그에게 세상을 가득 채울 생명체들을 만들자고 제안했고, 체르니보그는 이를 받아들였다. 체르니보그가 바다 밑으로 잠수하여 작은 흙 알갱

리투아니아인이 섬기는 숲속의 신성한 나무를 묘사한 그림.
프러시아 지방의 역사학자 크리스토포루스 하르트노크Christophorus Hartknoch의 1684년 작품.

이를 가져오자, 벨로보그는 흙을 바다 위에 올려놓았다. 그러자 흙은 점점 불어나 장차 생명체들이 살아갈 육지로 변했다. 체르니보그는 자신보다 뛰어난 능력을 지닌 벨로보그를 질투하여 그를 바다에 빠뜨려 죽이려

리투아니아인이 믿었던 신들

디에바스Dievas : 하늘의 신.

사울레Saule : 태양의 여신.

메누오Menuo : 달의 신.

페르쿠나스Perkunas : 천둥의 신.

아우스리네Ausrinė : 새벽별의 여신.

바카리네Vakarinė : 저녁별의 여신.

가비자Gabija : 불의 여신.

자비네Javinė : 곡물과 창고의 신.

달리아Dalia : 운명의 여신.

라이마Laima : 행운의 여신.

제미나Zemyna : 흙의 여신.

에제리니스Ezerinis : 호수의 정령.

우피니스Upinis : 강의 정령.

피콜루스Picollus : 파괴와 죽음 및 악의 신.

길티네Giltine : 죽음의 여신.

벨니아스Velnias : 늪지에 사는 악령.

천둥의 신을 묘사한 부조. 러시아인들은 그를 페룬Perun이라 불렀고, 리투아니아인들은 페르쿠나스라고 불렀다. 이름만 다를 뿐, 신으로서의 역할은 같다.

고 했으나, 그럴수록 땅이 더욱 넓어져서 바다에 빠뜨릴 수조차 없었다.

벨로보그는 자신을 섬길 생명체인 천사와 인간을 만들었으며 땅 위에 숲과 강물을, 하늘에 태양과 달, 별들을 만들었다. 그것을 본 체르니보그는 자신에게 복종할 사악한 생명체인 요괴와 늑대 등을 만들고, 그들이 살아갈 험한 산과 협곡을 만들었다. 두 신은 군대를 만들어 전쟁을 벌였는데, 지혜로운 벨로보그의 군대가 무지한 체르니보그의 군대를 격파하여 승리했다. 이렇게 천지창조가 모두 끝났다.

천지창조 신화에 등장하는 벨로보그는 '하얀 신'이라는 뜻인데, 신화 연구 학자들은 태양과 같은 자연 요소와 선량함 같은 추상적 미덕이 신 격화된 존재라 추정하고 있다. 슬라브족은 하얀색을 성스럽게 여겼으므로 그들의 신도 하얗게 생겼을 것이라고 생각하여 선한 신을 하얀 신이라고 불렀던 것이다. 체르니보그는 '검은 신'을 뜻하는데, 어둠과 무지 같은 부정적 요소들을 상징한다. 슬라브족은 검은색을 사악하고 불길한 색이라고 나쁘게 생각했기 때문에 악한 신을 검은 신이라고 불렀다.

선신과 악신이 각자의 성격대로 세계를 함께 창조했다는 선악 이원론으로 이루어진 슬라브 신화는 조로아스터교의 교리와 비슷한 부분이 많다. 슬라브족과 페르시아인의 언어가 모두 같은 인도-유럽어족(아리안족) 계통에 속하기 때문에 가능한 일이다.

리투아니아인들은 그리스인이나 로마인처럼 신전을 만들지 않았다. 그 대신 깊은 숲속에 들어가 가장 크고 오래되어 보이는 나무 한 그루를 골라서 신과 의사소통을 할 수 있는 성스러운 도구로 삼았다. 이는 우주를 떠받치고 있다는 거대한 나무 이그드라실Yggdrasil로 대표되는 게르만족의 나무 숭배 사상, 혹은 한국 토착 신앙인 당산나무 숭배 사상과 비슷하다. 리투아니아인들은 풍요로운 결실을 위해 종종 신에게 제물을 바쳤는데, 동물은 물론 사람까지 바쳤다. 제물로 결정된 동물이나 사람은 리투아니아 신들의 상징인 커다란 떡갈나무에 목이 매달리거나 산 채로 불에 태워졌다.

리투아니아의 개종

10세기 말로 접어들면서 동유럽의 슬라브족들도 서서히 기독교를 받아들이기 시작했다. 불가리아에서는 864년 보리스 1세가 그리스 정교회로, 세르비아에서는 879년 무티미르가 그리스 정교회로, 폴란드에서는 966년 미에슈코 1세가 로마 가톨릭으로, 러시아에서는 988년 키예프 공국의 블라디미르 대공이 그리스 정교회로 개종했다.

기독교로의 개종은 슬라브족 전통 신앙에 대한 회의 때문이라기보다는 다분히 정치적인 의도가 컸다. 당시 유럽에서 기독교는 곧 위대한 로마 제국의 종교였으며, 기독교를 믿는다는 것은 로마 제국과 같은 정신세계를 공유한다는 뜻이었다. 로마 제국의 강력함과 찬란한 문명은 유럽의 수많은 이민족들에게 여전히 동경의 대상이었고, 특히 당시 로마 제국의 후계 국가로 존속했던 동로마 제국은 더더욱 그러했다. 동로마 제국이 그리스 정교회를 믿고 있었기 때문에 상대적으로 서유럽보다 동유럽에 가까웠던 슬라브족들은 동로마 제국의 영향을 받아 그리스 정교회로 개종하는 편이 더 수월했을 것이다. 오늘날 미국을 떠올리면 쉽다. 비록 절정에서 내려왔다고 해도 미국은 여전히 세계 최강대국이고, 많은 나라들의 동경을 받는다. 당시 유럽에서 로마 제국의 위상은 현재의 미국과 같았으며, 슬라브족을 포함한 수많은 민족들에게 로마 제국은 곧 천국과도 같은 훌륭한 나라였다. 슬라브족 통치자들은 그런 로마 제국의 종교를 받아들임으로써 우수한 문물도 함께 받아들일 수 있다고 판단했다.

리투아니아는 다른 슬라브족에 비해 기독교를 늦게 받아들였다. 리투아니아인들이 처음 기독교를 접한 시기는 13세기 중엽이었다. 리투아니아가 중세 유럽의 중심부인 이탈리아나 프랑스와 너무나 멀리 떨어진 오지였던 데다, 정치적 상황 때문에 개종이 쉽게 이루어지지 않았기 때문이었다.

리투아니아는 1250년, 여러 부족을 통일하여 리투아니아 왕국을 세운 민다우가스Mindaugas(?~1263) 왕 시기에 처음으로 로마 가톨릭을 받아들였다. 당시 민다우가스는 자신의 숙적이던 사모기티아인(현재 리투아니아 서부 지역에 살던 소수민족)과의 싸움에 동맹군이 필요했다. 이때 라트비아와 에스토니아에 기독교를 전파하러 원정을 다니던 '검의 형제 기사단'(1202년 독일 가톨릭 성직자들이 만들어 발트 해 지역에 기독교를 전파하던 기사단. 나중에 튜턴 기사단에게 흡수된다.)이 민다우가스에게 기독교로 개종하면, 리투아니아와 동맹을 맺고 사모기티아인들과 싸워주겠다고 제안했다. 전통 신앙에 대한 애착이 강한 민다우가스였지만, 동맹군이 절실히 필요했던 터라 어쩔 수 없이 검의 형제 기사단의 요구대로 일단 기독교로 개종하고 세례를 받기로 했다.

리투아니아 최초의 왕인 민다우가스. 리투아니아 화가 알렉산드르 구안니니Alexander Guagnini의 1578년 작품.

리투아니아인 마을을 습격하는 튜턴 기사단. 그들은 기독교 전파를 내세웠으나, 잔인한 정복 전쟁과 강압적인 지배만을 일삼던 침략자였다. 훗날 히틀러는 이들을 영웅시하며 소련 침공을 결정했다.

그러나 1250년대 말, 민다우가스와 동맹을 맺었던 검의 형제 기사단은 리투아니아의 적 사모기티아인들과 동맹을 맺고 그들을 사주해 리투아니아를 공격했다. 그들의 배신에 분노한 민다우가스는 동맹 파기를 선언했으며 가톨릭을 버리고 다시 예전의 전통 신앙으로 돌아갔다. 1260년, 리투아니아는 더욱 큰 위기를 맞는다. 발트 해 연안에 가톨릭 전파를 내세우면서 식민지 정복을 노리던 튜턴 기사단이 발트 해 연안을 공격해온 것이다. 튜턴 기사단은 군사력을 앞세워 리투아니아와 러시아인 등 발트 해 연안 민족들을 무자비하게 학살하고 노예로 삼았다. 심지어 같은 가톨릭을 믿는 폴란드인들마저 마구 공격했다. 이는 폴란드인과 리투아니아인이 힘을 합치는 계기를 만들었다.

튜턴 기사단과의 전쟁에서 승리와 패배를 거듭하던 리투아니아는 1384년, 극적인 계기를 맞이한다. 리투아니아를 지배하던 요가일라Jagiello 공작이 폴란드 여왕 야드비가와 결혼하면서, 리투아니아와 폴란드가 한 나라로 통합된 것이다. 요가일라 공작은 1386년 2월 15일, 가톨릭 교도인 여왕과 결혼하기 위해 약속한 대로 세례를 받고 정식으로 가톨릭 신자가 되었다. 통치자가 가톨릭 신자가 되자 모든 리투아니아인들이 그를 따라 전통 신앙을 버리

검의 형제 기사단의 모습. 리보니아 기사단 Livonia Knight이라고도 불렸다. 작자 미상의 1870년 작품.

고 가톨릭으로 개종했다. 로마의 기독교 국교 승인 이후 무려 1000여 년이 흐른 뒤에야 비로소 리투아니아인들이 기독교를 받아들였던 것이다.

옛 신들이 돌아올 수 있을까?

슬라브족이 기독교를 받아들이면서 슬라브 신들은 더 이상 사람들로부터 숭배받지 못했다. 공식적인 장소에서는 예수와 성인들이 찬양받았고, 슬라브 신들은 작은 요정이나 마녀로 모습을 바꾸어 민담 속으로 들어

현대에 들어와서 복원한 옛 슬라브 신들의 목제 조각상 ⓒKontis Šatūnas

가 민중들의 마음속에 왜곡된 형태로나마 살아남았다. 지금도 동유럽인 들은 기독교도이기는 하지만 점성술과 그 밖의 다른 미신들을 깊이 믿 는데, 이것은 과거 조상들이 간직했던 슬라브 신앙의 변형된 모습이다.

20세기 초, 동유럽이 공산화되면서 슬라브 신앙은 기독교 개종 때보 다 더 큰 타격을 받았다. 공산주의는 모든 종교와 미신을 부정했다. 그 때문에 슬라브 전통 신앙은 역사의 발전을 가로막는 구태의연하고 허무 맹랑한 미신으로 여겨져 철저히 파괴되었다.

1991년, 소련과 동유럽 공산 정권들이 붕괴되면서 종교의 자유가 인정되었다. 이제 종교 연구자들은 시골 노인들을 대상으로 전통 설화를 조사하면서 잃어버린 슬라브 신화를 힘겹게 복원하고 있다. 이런 작업은 한국의 민속학과에서도 하고 있다. 한국 역시 외래 종교인 불교와 유교, 기독교의 영향으로 전통 신화 대부분이 사라진 터라 옛 전설을 기억하고 있는 노인들의 도움이 절실한 상황이다.

하지만 노인들의 기억에서 채록한 민담이나 설화에서도 슬라브 신화의 참모습을 알아내기는 어렵다. 동유럽의 슬라브족 사회에서는 이미 기독교의 영향이 매우 짙어져서 슬라브 신들이 기독교의 유일신이나 성자와 동일시되어 혼란을 일으키기 때문이다. 세르비아나 루마니아의 전통 설화에도 천지를 창조한 신이 기독교의 신과 동일시되고 있다. 그나마 그리스나 게르만족은 문자로 기록을 남겼기 때문에 옛 신화의 모습을 지금도 알 수 있다. 하지만 슬라브족은 문자조차 없어 말로만 신화를 전해왔기 때문에, 전통 신화가 더욱 심하게 파묻혀 사라져버렸다.

자취를 감춘 옛 신들이 또다시 돌아올 수 있을까? 그것은 아마 예술 작품 속에서나 가능할 것이다. 종교적 숭배를 잃어버린 신들이 살아남는 길은 그것뿐이다. 그리스 신화의 신들이 더 이상 신으로서 숭배받지는 못하지만 대중 예술 작품들 속에서 영원한 생명을 얻은 것처럼 말이다.

아즈텍 신앙의 특이한 점은 이들이 세계의 종말론에 매우 집착했다는 사실이다. 물론 종말론은 기독교나 이슬람교, 힌두교와 불교 같은 다른 종교들도 신봉한다. 그러나 아즈텍 신앙은 조금 특이했다. 아즈텍 신앙의 사제들은 지금 인류가 살고 있는 세계는 이미 네 번이나 멸망했다가 다시 재생되었으며, 현재 다섯 번째 세상도 머지않아 멸망하고 여섯 번째 세상이 새로 들어선다고 믿었다.

10

아 즈 텍 의
전 통 신 앙

신 의 재 림 을
기 다 리 며

"우리가 사는 세상도 언젠가 멸망할 것이다."

-《누에바 에스파냐 역사》에서

오늘날 미국의 남쪽에 위치한 멕시코는 세계 최대의 스페인어 사용 국
가다. 그 이유는 1521년부터 거의 300년 동안 스페인의 식민 지배를 받
았기 때문이다. 하지만 그 이전까지 멕시코에서는 아즈텍과 틀락스칼라,
텍스코코 같은 여러 부족이 저마다의 나라와 신앙을 지키며 살아갔다.
이 장에서는 스페인의 지배로 멕시코인들이 기독교를 받아들이기 이전,
그들이 원래 가지고 있던 전통 신앙에 대해 알아보기로 한다.

종말과 인신공양으로
얼룩진 아즈텍 신화

✚

1116년 멕시코 북쪽의 사막에서 살고 있던 아즈텍인들은 남쪽으로 이주하여 원주민 톨텍족에게 봉사하는 용병으로 활동했다. 지금 멕시코의 상징인 선인장 위에 앉아서 뱀을 물고 있는 독수리 문장의 유래도 아즈텍인들을 지금의 멕시코로 인도한 신의 사자가 바로 독수리였다는 전설에서 비롯되었다. 1345년, 아즈텍인들은 톨텍족의 예속을 끊고 지금의 멕시코 수도인 멕시코시티 자리에 테노치티틀란이라는 도시를 건설하고 정착했다. 테노치티틀란은 호수 위에 건설되었는데, 모든 물자를 외부에서 배로 실어 날랐으며 도시가 물로 둘러싸여 외적의 침입을 효과적으로 방어할 수 있었다.

또한 테노치티틀란은 최대 25만의 인구를 수용할 수 있었는데, 당시 유럽의 어느 도시들보다도 큰 규모였다. 아울러 테노치티틀란은 매일 청소부들이 도시에서 배출되는 쓰레기들을 깨끗이 청소했으며, 유럽의 도시들과 달리 오물이나 악취가 넘쳐나는 일이 없었다. 테노치티틀란을 처음 방문한 스페인 군사들이 "로마나 베네치아, 마드리드나 콘스탄티노플보다 더욱 아름답고 훌륭하다."라고 감탄할 정도였다.

테노치티틀란에 자리 잡은 아즈텍인들은 그들의 용맹을 무기 삼아 주변의 다른 집단들을 정복해나갔다. 1521년 스페인 군대에게 멸망하기 전까지 아즈텍인들이 세운 아즈텍 제국은 찬란한 번영을 누리며, 중앙아

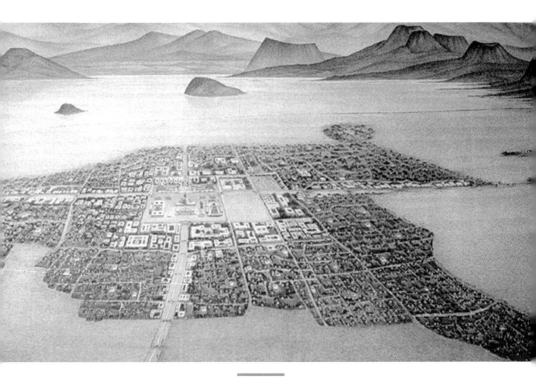

호수 위에 건설된 도시 테노치티틀란.
당시 유럽의 어느 도시보다도 거대하고 번성한 도시였다.

메리카 지역의 중심지 역할을 톡톡히 했다.

아즈텍인들은 많은 신을 섬기고 독자적인 세계관을 믿었으나, 그들을 짓밟은 스페인 군대가 대다수의 신화 관련 자료들을 파괴하여 남아 있는 자료가 매우 적다. 그나마 아즈텍인들에게 기독교를 전파하기 위해 아즈텍의 언어를 배우던 베르나르디노 데 사아군 신부Bernardino de Sahagún(1499~1590, 스페인 태생의 프란체스코회 수도사)가 아즈텍인들을 상대로 얻어낸 자료들을 모은 문헌《누에바 에스파냐 역사》에 아즈텍 신화 관련 내용이 있어서 아즈텍 신화를 조금은 알 수 있다.(참고로 '누에바 에스파냐'는 '새로운 스페인'이라는 뜻이다. 스페인은 영어식 발음이고 스페인인들은 '에스파냐'라고 칭한다.)

아즈텍인들이 믿었던 전통 신앙에 따르면, 우주는 '오메테오틀Ometeo-tl'이라는 신이 창조했다. 오메테오틀은 태초부터 존재한 가장 오래된 신이며, 남성과 여성의 성을 동시에 가졌다. 그는 스스로의 힘으로 수많은 신을 창조했다.

오메테오틀은 워낙 오래된 신이라 아즈텍인들로부터 그다지 숭배를 받지 못했다. 아즈텍인들이 가장 열렬하게 믿었던 신은 케찰코아틀과 테스카틀리포카였다. 아즈텍인들은 처음에 케찰코아틀을 섬기다가, 후기에 가서는 테스카틀리포카를 사실상 최고 신으로 숭배했다.

아즈텍 신앙의 특이한 점은 이들이 세계의 종말론에 매우 집착했다는 사실이다. 물론 종말론은 기독교나 이슬람교, 힌두교와 불교 같은 다른 종교들도 신봉한다. 그러나 아즈텍 신앙은 조금 특이했다. 아즈텍 신앙의 사제들은 지금 인류가 살고 있는 세계는 이미 네 번이나 멸망했다가 다시 재생되었으며, 현재 다섯 번째 세상도 머지않아 멸망하고 여섯 번째 세상이 새로 들어선다고 믿었다. 이런 믿음은 화산과 지진 같은 자연재해가 많은 멕시코의 환경에 영향을 받아 생겨났을 것이다.

또한 아즈텍인들은 세계의 중심은 태양이며 태양이 계속 빛을 내면서 하늘에 떠올라야 세상이 제대로 돌아가고, 만약 태양이 힘을 잃고 꺼지

아즈텍의 신들

케찰코아틀Quetzalcoatl : 태양과 평화, 지혜의 신.

테스카틀리포카Tezcatlipoca : 전쟁의 신(혹은 또 다른 태양의 신).

에카틀Ehecatl : 바람의 신.

켄테오틀Centeotl : 옥수수의 신.

찰치우틀리쿠에Chalchiuhtlicue : 물의 여신.

메즈틀리Meztli : 달의 여신.

믹틀란테쿠틀리Mictlantecuhtli : 지하세계의 신.

틀라졸테오틀Tlazolteotl : 정욕의 여신.

테페올로틀Tepeyollotl : 산의 신.

틀랄테쿠틀리Tlaltecuhtli : 땅의 신.

토나카테쿠틀리Tonacatecuhtli : 생명의 신.

키틀라리쿠에Citlalicue : 은하수의 여신.

후이치틀로포틀리Huitzilopochtli :
별들과 또 다른 전쟁의 신.

시우테쿠틀리Xiuhtecuhtli : 불의 신.

소치필리Xochipilli : 각종 예술과 놀이의 신.

틀랄록Tlaloc : 비의 신.

시페-토텍 Xipe-Totec : 힘의 신.

예술과 놀이의 신인 소치필리를
그린 기록화.

면 세상도 멸망한다고 생각했다. 그래서 아즈텍인들은 태양신에게 힘을
북돋아주고 세상의 멸망을 막기 위해서, 신들이 창조한 생명체 중에서
가장 고귀한 인간의 생명력 원천인 심장을 바쳐야 한다고 여겼다. 그래
서 아즈텍인들은 기회가 있을 때마다 주변의 다른 부족들을 습격한 뒤
포로를 신전으로 끌고 가 심장을 꺼내 태양신에게 바쳤다. 많은 포로들

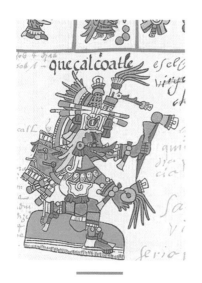

아즈텍인들이 한때 주신으로 섬기던 케찰코아틀. 그러나 전쟁의 신 테스카틀리포카에게 밀려났다.

의 심장을 바칠수록 태양신이 기뻐한다고 여겼는데, 1487년의 대축제 때는 무려 8만 명의 포로들이 제물로 바쳐졌다고 한다. 이렇게 잔혹한 인신공양을 일삼은 터라 아즈텍인들은 틀락스칼라 같은 주변의 다른 부족들에게 증오의 대상이 되었다. 나중에 스페인인들이 쳐들어오자, 틀락스칼라족이 스페인과 동맹을 맺고 아즈텍에 맞서 싸운 것도 아즈텍에게 당한 인신공양에 복수하기 위해서였다. 결국 인신공양 의식이 아즈텍을 멸망시킨 셈이다.

앞에서 언급한 케찰코아틀 관련 내용을 좀 더 깊게 설명하자면, 원래 아즈텍인들은 평화의 신 케찰코아틀을 숭배했는데 그를 질투하던 전쟁의 신 테스카틀리포카가 마술을 부려 동쪽으로 쫓아냈다고 전해진다. 케찰코아틀은 아즈텍인들에게 "나는 반드시 돌아와서 세상을 평화롭게 만들 것이다!"라는 말을 남기고서, 뗏목을 타고 동쪽 바다를 건너 사라졌다. 그 후로 아즈텍인들은 테스카틀리포카를 최고의 신으로 숭배하게 되었으나, 여전히 케찰코아틀이 동쪽 바다에서 다시 돌아온다는 믿음을 간직하고 살았다.

아즈텍의 달력을 모자이크 기법으로 현대에 재현한 작품. 중앙에 놓인 태양신이 혀를 내밀며, 인간의 피를 요구하고 있다.

태양신전에서 사람의 심장을 꺼내 태양신에게 바치는 장면을 그린 기록화. 아즈텍인들은 태양신이 계속 세계를 비추려면 사람의 심장과 피를 먹고 새로운 힘을 얻어야 한다고 생각했다.

재규어 가죽을 입은 테스카틀리포카. 전쟁이 계속되면서 그를 섬기는 세력이 아즈텍 제국에서 가장 강력해졌다.

이 케찰코아틀 신화를 그대로 믿은 아즈텍인들이 16세기 초 동쪽 바다에서 상륙한 스페인인들을 다시 돌아온 케찰코아틀이라고 믿고 환영했다가 멸망했다는 이야기는 매우 유명하다.

하지만 이 일화를 그대로 믿기 어려운 것이, 정작 아즈텍 정복을 총지휘한 스페인 군대의 사령관 코르테스가 스페인 국왕 카를 5세에게 보낸 보고서에 의하면 '케찰코아틀'이란 이름은 전혀 언급되지 않는다. 오히려 아즈텍 황제인 목테수마 2세는 코르테스를 보고 자신의 맨살을 드러내며, "나도 당신과 같은 인간이오!"라고 말했다고 한다. 그렇다면 아즈텍인들은 처음부터 스페인인들을 신이 아닌 인간이라고 정확히 본 셈이다.

그럼에도 불구하고 케찰코아틀의 재림 신화가 널리 퍼져 있는 이유는 아즈텍 신화를 기록한 《누에바 에스파냐 역사》가 아즈텍인이 아닌 스페인인이 쓴 것이기 때문인 것으로 추측된다. 아즈텍 정복을 정당화하기 위해 조작했을 가능성이 있다는 얘기다.

다섯 번째 세상의 종말이 오다

아즈텍인들은 종말론을 워낙 굳게 믿었던 터라, 현재의 번영을 즐기면서
도 행여 언제 세상의 종말이 들이닥치지 않을까 걱정하며 살았다. 그런
아즈텍인들의 믿음은 마침내 1519년 2월, 유카탄 해안에 나타난 한 무
리의 낯선 이방인들로 인해 현실이 되었다. 에르난 코르테스가 이끄는
600명의 병사와 11마리의 말로 구성된 스페인 군대가 상륙한 것이다.

코르테스는 아즈텍 제국이 가지고 있다는 엄청난 양의 황금에 대한
소문을 듣고, 황금을 차지하기 위해 원정에 나섰다. 그는 원주민들과의
접촉을 통해 아즈텍 제국의 주변 이웃인 틀락스칼라 등 다른 집단들이
아즈텍과 싸우는 적대 관계라는 사실을 알았고, 그들을 이용하여 아즈텍
을 굴복시키고 황금을 빼앗으려 했다.

코르테스가 지휘하는 스페인 군대는 여러 원주민들과 싸워 그들을 굴
복시키고 수도 테노치티틀란까지 진군했다. 낯선 이방인인 스페인 군대
가 온다는 소식을 접한 아즈텍의 황제 목테수마 2세는 호기심에 이끌려
자신이 직접 신하와 하인들을 거느리고 나아가 코르테스를 맞았다. 코르
테스와 만난 목테수마 2세는 코르테스와 스페인 병사들을 귀중한 손님
으로 우대하고, 그들을 테노치티틀란의 중심부인 궁전까지 초대하여 연
일 성대한 잔치를 베풀었다.

환대하는 목테수마 2세에게 코르테스는 매우 무례하게 굴었다. 그는
목테수마 2세에게 "당신네 아즈텍인들이 믿는 모든 신은 사악한 마귀이

시페-토텍의 가면. 아즈텍 사제들은 각 신들을 상징하는 가면을 쓰고, 숭배 의식을 올렸다.

자 우상에 불과하다. 그러니 그 따위 잡다한 우상들은 버리고, 진정한 신인 하느님과 예수를 믿으라."라고 강요했다. 그러자 목테수마 2세는 코르테스의 말에 불쾌감을 느끼고 이런 대답을 했다.

당신이 믿는 종교에 관한 이야기는 내가 보낸 사절들을 통해서 들었습니다. 물론 당신의 신도 좋은 신이겠지요. 그러나 나와 아즈텍 백성들도 이미 믿는 신들이 있고, 그들도 우리에게 은혜를 베푸는 좋은 신들입니다. 그러니 우리의 신들이 마귀니까 버려야 한다는 식의 신성모독적인 말은 하지 마십시오.

하지만 코르테스는 기독교 강요를 포기하지 않았고, 마침내 테스카틀리포카를 섬긴 신전에 성모 마리아의 석상을 세우고, 테스카틀리포카의 신상을 모조리 철거했다. 그러자 아즈텍인들은 스페인인들이 저지른 신성모독 행위에 매우 분개했고 그들을 증오하게 되었다.

여기에 코르테스의 부관 알바라도가 테스카틀리포카를 숭배하는 축제에 참여한 아즈텍인들을 대상으로 무자비한 학살을 저지르자, 더 이상 스페인인들의 횡포를 참지 못한 아즈텍인들은 무기를 들고 봉기했다. 그리고 스페인인들을 끌어들여 재앙을 일으킨 목테수마 2세에게 책임을 물어 그를 죽였고, 새로운 황제로 시틀라왁을 추대하여 스페인인들과의 전쟁에 들어갔다.

아즈텍인들의 분노에 겁을 먹은 코르테스는 휘하 병사들을 이끌고 밤을 틈타 철수했으나, 추격해온 아즈텍인들에게 대부분의 병사를 잃는 큰 타격을 입고 그 자신도 간신히 목숨만 건져 달아났다. 이 일을 가리켜 스페인인들은 슬픈 밤이라는 뜻의 '라 노체 트리스테La Noche Triste'라고 부른다. 아즈텍인들에게 당한 스페인인들의 패배였다.

그러나 '슬픈 밤' 이후, 아즈텍을 둘러싼 사태는 오히려 반전하기 시작했다. 스페인인들이 퍼뜨린 전염병으로 인해 수많은 아즈텍인들이 이유도 모른 채 죽어나갔다. 게다가 코르테스와 동맹을 맺은 틀락스칼라 부족이 스페인군과 연합하여 아즈텍을 공격했으며, 설상가상으로 코르테스가 테노치티틀란을 둘러싼 호수 위에 대포를 탑재한 전함을 띄워 포격을 퍼붓는 전술을 구사하자, 아즈텍은 큰 위기에 몰렸다. 시틀라왁 이후에 황제가 된 쿠아우테목은 사력을 다해 스페인·틀락스칼라 연합군에 맞서 싸웠으나, 스페인군이 도시 전체를 철저히 포위하여 식량 공급선을 끊자 수많은 아즈텍인들은 굶주림에 시달리며 죽어갔다. 결국 더이상 견디지 못한 쿠아우테목은 코르테스에게 항복했고, 1521년 아즈텍 제국은 마침내 스페인의 손에 멸망했다.

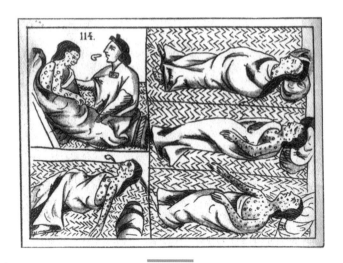

스페인인에게서 퍼진 전염병으로 인해 병에 걸려 죽어가는 아즈텍인을 묘사한 기록화. 아즈텍 제국을 멸망으로 몰아넣은 가장 큰 원인은 바로 스페인인들이 퍼뜨린 전염병이었다. 오랫동안 외부와 격리되어 깨끗한 환경에서 산 아즈텍인들은 외부에서 온 전염병에 면역력이 없었고, 그로 인해 스페인인에게서 감염된 전염병에 속수무책으로 죽어갔다.

스페인 군대와 틀락스칼라 부족의 연합군이 아즈텍인들을 공격하고 있다. 아즈텍인들은 필사적으로 저항했으나, 끝내 패배하고 말았다.

외래 종교와 전통 신앙을
절충한 아즈텍인들

✚

아즈텍을 멸망시키고 멕시코를 손에 넣은 스페인은 두 가지 작업을 열정적으로 벌였다. 하나는 아즈텍 전역에서 황금과 은, 보석 등을 닥치는 대로 긁어모아 본국으로 보내는 일이었고, 다른 하나는 아즈텍인들에게 기독교를 강요하며 아즈텍 전통 신앙을 철저히 금지하는 선교 사업이었다.

테스카틀리포카를 비롯하여 아즈텍인들이 숭배했던 신들의 신전은 모두 기독교 교회로 개조되었다. 아즈텍 신들의 상은 치워지고, 그 자리에 예수와 성모 마리아의 상이 들어섰음은 말할 필요도 없다. 하지만 아즈텍인들은 스페인 사람들의 눈을 피해 집 안에 몰래 아즈텍 신들의 상을 숨겨놓고 은밀히 그들을 숭배하면서 전통 신앙을 지켜나갔다. 그러자 스페인의 기독교 성직자들은 아즈텍인들의 집을 뒤져서 아즈텍 신들의 상을 부수는 한편, 기독교 신앙 강요를 더욱 밀어붙였다.

외래 신앙인 기독교를 강요하는 스페인인과 이에 맞서 전통 신앙을 수호하려는 아즈텍인 사이에 종교 논쟁이 벌어지기도 했다. 1524년, 수도 테노치티틀란에서 아즈텍 성직자들과 스페인에서 온 프란체스코회 수사 12명은 서로의 종교를 두고서 신학적인 토론을 벌였다. 수사들이 아즈텍 성직자들에게 "당신들 아즈텍인들이 믿었던 신들은 모두 사악한 악마고, 오직 기독교의 하느님만이 진정한 신이다. 그러니 아즈텍 신들

아즈텍인들이 만든 장신구. 두 마리 뱀을 녹색 비취로 만들었다.
영국 대영박물관 소장.

아즈텍인들이 숭배했던 비의 신 틀랄록.
작자 미상의 1700년대 작품.

을 버리고, 기독교만을 믿으라."라고 말하자, 아즈텍 성직자들은 이렇게 반박했다.

> 당신들은 우리가 섬기는 신들이 사악한 마귀라고 하는데, 생전 처음 듣는 말입니다. 우리의 선조들은 신을 믿으면서 인생의 진리를 깨달았고, 신이 주는 음식과 물을 먹으며 행복하게 살았습니다. 그리고 신을 섬기면서 하늘의 별들이 어떻게 움직이고, 시간과 날짜가 흘러가는지에 대해서 알았습니다. 그런데 왜 우리에게 은혜를 베풀었던 고마운 신들을 버려야 한다는 말입니까?

덧붙여 아즈텍 성직자들은 스페인 수사들에게 하소연했다.

> 당신네 스페인인들은 이미 우리나라를 멸망시켰고 땅을 빼앗았습니다. 이만하면 충분하지 않습니까? 더 이상 우리에게 당신들의 방식을 강요하지 마십시오.

하지만 프란체스코회 수사와 기독교 교회는 계속해서 아즈텍인들에게 기독교 신앙을 믿으라고 강요했다. 이에 아즈텍인들의 불만은 계속 커져갔고, 급기야 1533년 마법사와 예언자를 자처하는 '믹스코아틀'과 '오셀로틀'이 나타나서 기독교를 비난했다.

저 기독교 성직자들은 거짓말을 하고 있다! 저자들이 하는 말을 믿고, 우리의 신들을 버려서는 안 된다. 우리 조상들은 저런 성직자들을 전혀 몰랐지만 신들을 잘 섬겨서 행복한 삶을 살았다. 저자들이 말하는 신을 누가 단 한 번이라도 보기나 했는가? 저들은 우리의 신들을 악마라고 비난하지만, 오히려 저 기독교 성직자들이야말로 세상의 종말에 나타난 악마들이다!

그러자 1537년 스페인 이단 심문소는 기독교를 거부하고 아즈텍 전통 신앙을 되살리려고 했던 믹스코아틀과 오셀로틀을 붙잡아서 화형에 처하고, 그들을 믿고 따랐던 추종자들도 혹독하게 탄압했다. 또한 아즈텍인들이 숨겨두고 몰래 믿었던 신들의 우상도 찾아내서 파괴하고 그들에게 더욱 엄격하게 기독교를 강요했다.

스페인인들의 강력한 억압을 받자, 아즈텍인들은 목숨을 구하기 위해서 일단 기독교를 받아들였다. 그러나 옛날에 믿었던 신들을 완전히 버린 것은 아니었다. 아즈텍인들은 케찰코아틀의 아내인 코아틀리쿠에 여신을 성모 마리아와 동일시하고 케찰코아틀이 예수의 제자인 성 토마스 성자라고 주장하면서 아즈텍의 옛 신들은 이름을 감추고 나타난 기독교의 성자들이라고 주장했다.

아즈텍인들에게 기독교를 전파하던 스페인의 기독교 성직자들은 이런 주장에 무척 당혹스러웠지만, 딱히 막을 이유를 찾지 못했다. 스페인인들이 믿던 기독교, 즉 가톨릭 교회에서는 베드로와 토마스 같은 성자들을 공경하고 그들에게 기도를 올리는 일을 허락하고 있었기 때문이다.

오늘날 멕시코인들이 매우 공경하는 과달루페의 성모. 1531년 12월 9일 멕시코의 테페약 언덕
에 나타났다는 성모 마리아를 멕시코인들은 과달루페의 성모라고 불렀다. 그러나 일부 신화 연
구 학자들은 과달루페의 성모가 과거 아즈텍인들이 숭배하던 토난친 여신의 다른 모습이라고
주장한다. 작자 미상의 1700년대 작품.

즉, 아즈텍인들은 가톨릭 교리를 정확히 꿰뚫어보고 겉으로는 기독교의 외투를 쓰면서 사실은 자기들의 전통 신앙을 계속 간직했던 것이다.

오늘날 멕시코는 국민의 96%가 가톨릭을 믿는다. 그리고 멕시코인들은 가톨릭의 성자들을 모시는 축제를 해마다 성대하게 연다. 하지만 그 안에는 아즈텍의 옛 신들이 살아서 숨을 쉬고 있는 것인지도 모른다.

코아틀리쿠에 여신상. 기독교로 개종한 아즈텍인들은 이 신이 성모 마리아와 같은 존재라고 여겼다.

기이하고
독특한
종교들

셋이 한 몸이며, 근원과 진정한 주인이신 아라하께서 하늘과 땅과 사람을 만드셨다. 그러나 사탄이 사람의 마음속에 어둠과 무지를 불어넣었다. 그리하여 사람은 아라하의 참된 뜻을 모르고 방황하다가, 아라하의 한 분이신 미시하께서 세상에 오셨다. 미시하는 처녀의 몸에서 나시고, 사람들에게 아라하의 참된 뜻을 널리 알리셨으며, 그런 후에 하늘로 올라가셨다.

11

네스토리우스
교   단

몽골 초원의
기   독   교

"하늘은 알리라."

- 몽골 제국 3대 대칸 귀위크가
1247년 로마 교황 인노켄티우스 4세에게 보낸 편지에서

몽골 제국을 세운 칭기즈칸은 동양과 서양에 걸쳐 세계적인 대제국을 건설했다. 그의 놀라운 정복사업은 너무도 잘 알려져 있지만, 그의 후원 자이자 의붓아버지인 옹칸과 옹칸의 부족인 케레이트족이 예수를 믿는 기독교도였다는 사실은 잘 알려져 있지 않다. 12세기 무렵의 기독교는 주로 유럽 지역에서 믿던 종교였고, 지금처럼 세계적인 종교로 성장하기 전이었다. 유럽에서 멀리 떨어진 몽골 초원에 어떻게 기독교를 믿는 사람들이 있었던 것일까?

이단으로 규정된
네스토리우스 교단

✚

지금은 몽골 국민의 96%가 라마교를 믿지만, 한때 몽골 초원에도 기독교가 성행하던 시절이 있었다. 12세기와 13세기, 칭기즈칸이 활동했던 시기가 바로 그때였다. 칭기즈칸과 동맹을 맺거나 적대적이었던 케레이트와 나이만 부족들은 서방에서 전래된 기독교의 일파인 네스토리우스교를 믿었다. 나중에 케레이트와 나이만이 몽골에 흡수되자, 두 부족의 왕녀들은 칭기즈칸의 아내나 며느리가 되었다.

네스토리우스교는 오늘날 시리아의 안티오키아 지역에서 활동하던 네스토리우스 주교Nestorius(386~450)의 가르침을 믿는 기독교 종파였다. 왜 엄연한 기독교 주교가 정통 교단에서 벗어나서 따로 종파를 만들었을까? 여기에는 그럴 만한 사정이 있었다.

기독교는 성경 중심의 종교다. 그런데 이 성경이 문제다. 본래 성경은 한 명의 저자가 한꺼번에 써낸 책이 아니라, 서로 다른 여러 명의 저자들이 제각기 쓴 책들을 하나로 엮은 것이다. 그러다 보니, 같은 성경 안에서도 앞뒤 내용이 모순되는 부분들이 수두룩하다. 예컨대 출애굽기(탈출기)와 레위기 등에서는 신을 믿지 않는 다른 민족들을 남녀노소 가릴 것 없이 모조리 죽이라고 하다가, 요나서에서는 비록 신을 믿지 않는 이방인이라고 해도 그들의 생명은 귀한 것이니 죽여서는 안 된다고 한다. 이러한 성경의 상호 모순은 공부를 깊이 하려는 기독교 신도들이 가장 혼란스러워하는 부분이기도 하다.

그래서 기독교는 성경을 어떻게 해석하느냐에 따라 수많은 다른 종파들로 분열될 수 있다. 로마 교황을 단일 지도자로 모시고 있는 가톨릭이야 예외라고 해도, 단일 지도자가 없는 개신교는 장로교, 감리교 등 수없이 많은 종파들로 나뉘어 있다.

초기 기독교 성직자들도 오랫동안 하나의 문제를 가지고 큰 논쟁을 벌였다. 그것은 삼위일체의 교리가 맞느냐 틀리느냐 하는 문제였다. 아리우스파는 예수는 하느님의 창조물일 뿐, 결코 하느님과 같은 존재는 아니라고 주장하며 삼위일체를 부정했다. 반면 아타나시우스파는 예수는 하느님의 아들인 동시에 그와 같은 존재라고 주장하며 삼위일체설을 긍정했다. 갑론을박을 벌이다 결국 325년 니케아 공의회 결과, 삼위일체설을 외친 아타나시우스파가 승리함으로써 기독교의 근본 교리는 성부(하느님)와

몽골 제국을 세운 칭기즈칸.

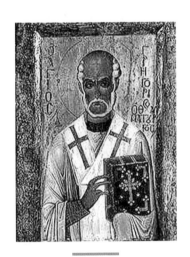

네스토리우스 주교를 묘사한 모자이크 벽화. 그는 한때 전도유망한 성직자였으나, 본의 아니게 이단으로 몰려 슬픈 삶을 마감해야 했다.

성자(예수)와 성령의 삼위일체설로 매듭지어졌다.

니케아 공의회에서 정론으로 승인한 삼위일체설을 따르면서 로마 교황을 모든 기독교 교회의 지도자로 승인하는 교파가 바로 오늘날의 가톨릭(천주교)이다. 그리고 삼위일체설을 따르지 않는 다른 기독교 종파들은 모두 정통에서 벗어난 이단으로 규정되었다. 아리우스파도 그렇게 이단이 되었고, 그에 따라 삼위일체설을 믿는 로마인들이 아닌 이방인 게르만족에게 퍼져나갔다.

삼위일체설 말고도 다른 논쟁거리가 새로 불거졌다. 그것은 예수의 어머니 성모 마리아를 어떤 존재로 볼 것인가 하는 것이었다. 가톨릭 교단의 일반적인 가르침에서 마리아가 낳은 예수는 신과 같은 존재이니, 마리아는 곧 '신의 어머니'였다. 성모 마리아는 비록 인간이지만 신을 낳았으니, 인간이 아닌 신의 세계에 들어선 존재였다. 성모 마리아가 원죄 없이 잉태되어 죽어서 하늘로 승천했다는 교리가 나온 이유도 이러한 성모 마리아에 대한 존중에서 비롯된 것이다.

그러나 네스토리우스는 성모 마리아는 한낱 인간일 뿐이며, 결코 신성한 존재가 될 수 없다고 반박했다. 그는 성모 마리아를 '신의 어머니'가 아닌 '그리스도의 어머니'라고만 부르자고 제안했다. 성모 마리아를 신의 어머니라고 부른다면, 그것은 마치 성모 마리아도 신이 된 것 같은 느낌을 주니 기독교의 유일신 신앙이 흔들린다는 이유였다.

하지만 네스토리우스의 이러한 주장은 그의 적대 세력에게 좋은 공격의 빌미를 제공했다. 네스토리우스가 성모 마리아를 폄하하고 더 나아가 예수의 신성조차 부정한다는 것이었다.

　결국 433년 네스토리우스는 동로마 황제 테오도시우스 2세가 내린 조치에 의해 기독교 정통 교단에서 파문되었고, 그를 따르는 자들도 모두 서방 교회에서 추방되기에 이르렀다. 그리고 450년, 네스토리우스가 사망하자 그를 따르던 신도들은 기독교 교단의 탄압을 피해 먼 동방의 페르시아로 대거 달아났다.

페르시아에서의 박해와 동방 진출

페르시아에서도 네스토리우스교도들은 결코 무사하지 못했다. 오히려 페르시아로 이주한 네스토리우스교도들은 그들의 고향인 로마에서보다 훨씬 지독한 박해에 시달렸다. 네스토리우스교도가 세운 교회들은 걸핏하면 조로아스터교를 믿는 페르시아인들에게 방화와 파괴를 당하기 일쑤였다. 이런 사태를 보고 있던 페르시아 황실은 중재 역할을 하기는커녕 조로아스터교 편을 들어 군대를 동원해 네스토리우스교 신도들을 무참히 학살했다.

　당시 페르시아를 통치하던 사산 왕조가 기독교를 박해한 이유는 세 가지였다. 우선 사산 왕조는 조로아스터교를 국교로 정하여 백성들에게 오직 조로아스터교만 믿게 함으로써 정신적 통일을 추구하고 있었다. 그래서 기독교 같은 외래 종교들은 배척의 대상이었다. 또한 조로아스터교 성직자들은 사산 왕조의 지배 계급으로서 자신들의 종교적 특권을 유지하기 위해 기독교를 탄압했다. 한편 사산 왕조는 로마 제국과 오랜 전쟁을 벌이고 있었는데, 적국인 로마가 기독교를 국교로 지정하자 혹시 자국 내 기독교도들이 로마 제국과 내통하는 첩자로 활동할지도 모른다고 두려워하여 기독교를 핍박했던 것이다.

곤경에 처한 네스토리우스교도들의 선택은 두 가지로 갈렸다. 하나는 어떻게 해서든 사산 왕조의 유력자들과 친분을 맺어 페르시아에 계속 남아 있는 것이고, 다른 하나는 아무도 살아남지 못하느니 차라리 페르시아를 떠나 더 먼 동방으로 이주하는 것이었다.

전자의 경우를 택한 사람들은 497년 페르시아 수도인 크테시폰에서 공의회를 열고, 독자적으로 총대주교를 임명하여 로마 가톨릭 교회로부터 독립한 네스토리우스 교회 창설을 선언했다. 사산 왕조에 "우리는 로마와 아무 관련도 없고, 로마의 첩자도 아닙니다."라고 선언하여 박해를 피하려는 것이었다. 페르시아 황제들도 조로아스터교의 지나친 전횡에 내심 불만을 품고 있던 터라, 일부러 네스토리우스 교단을 지원하여 조로아스터교를 견제했다. 이런 방안은 어느 정도 성공을 거두어, 네스토리우스 교단은 페르시아를 포함한 서아시아 지역에서 14세기 초까지 계속 살아남을 수 있었다.

반면 후자를 택한 사람들은 중앙아시아와 중국으로 이주하여 현지 주민들을 상대로 선교 활동을 벌였다. 먼저 중앙아시아로 향한 네스토리

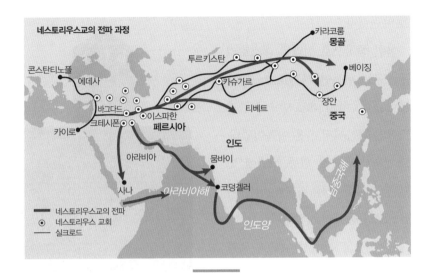

네스토리우스교의 전파를 나타낸 지도. 네스토리우스교는 로마 가톨릭 교회로부터 이단으로 정죄받아 유럽 내에는 거의 발을 붙이지 못했다. 대신 그들은 새로운 개척지인 동방으로 눈을 돌려, 중국과 몽골 초원 등지로 믿음을 전파하러 떠났다.

우스교도들은 5세기 무렵, 현지를 지배하고 있던 유목민 에프탈족에게 복음을 전파했다. 에프탈족은 본래 투르크 계통의 유목민으로 하늘을 숭배하는 샤머니즘 신앙을 갖고 있었으나, 네스토리우스교도들이 그들에게 농사짓는 기술을 가르쳐주자 답례로 네스토리우스 신앙을 받아들였다.

　이렇듯 중앙아시아로 이주한 네스토리우스교도들은 에프탈 등 현지 원주민들을 상대로 선교 사업을 벌였으며, 이러한 노력은 훗날 12세기 몽골 초원에서 많은 부족들이 네스토리우스 신앙을 받아들이는 밑바탕을 마련했다.

한편 중국으로 전래된 네스토리우스교는 한동안 파사교波斯教라고 불렸는데, 이는 페르시아의 한자 표기인 파사에서 따온 이름이었다. 그러다가 당나라 현종 무렵에 빛날 경景 자를 써서, 경교景教라는 이름으로 활동하기 시작했다.

현재 중국 산시성陝西省 박물관 내 비림碑林에는 '대진경교유행중국비大秦景教流行中國碑'라는 비석이 보관되어 있다. 이 비석에 새겨진 비문은 중국 당나라에서 활동했던 경교, 즉 네스토리우스교의 교리를 담고 있다. 그 대략적인 내용은 아래와 같다.

대진국大秦國의 승려인 아라본阿羅本이 정관 9년(635)에 장안을 방문했다. 황제는 아라본을 환영하고 궁전으로 초대했다. 아라본이

'대진경교유행중국비'의 탁본. 네스토리우스교가 중국 당나라 시절에 활동한 양상을 잘 보여주는 자료다.

가져온 경전을 번역하고, 그 도를 물어보아서 그 뜻을 알게 되었다. (중략) 셋이 한 몸이며, 근원과 진정한 주인이신 아라하阿羅訶께서 하늘과 땅과 사람을 만드셨다. 그러나 사탄娑殫이 사람의 마음속에 어둠과 무지를 불어넣었다. 그리하여 사람은 아라하의 참된 뜻을 모르고 방황하다가, 아라하의 한 분이신 미시하彌施訶께서 세상에 오셨다. 미시하는 처녀의 몸에서 나시고, 사람들에게 아라하의 참된 뜻을 널리 알리셨으며, 그런 후에 하늘로 올라가셨다.(《동방 기독교와 동서문명》, 121~124쪽 참조)

비문에 적힌 아라하는 기독교의 유일신인 '엘로힘'을 말한다. '셋이 한 몸이며'라는 부분은 네스토리우스교가 기독교의 삼위일체설을 그대로 받아들이고 있음을 뜻한다. 그리고 '미시하'는 '메시아', 곧 예수 그리스도를 가리킨다. 사탄은 글자 그대로 인간을 죄짓게 하고 지옥으로 이끄는 악마인 사탄을 말한다. 나머지 내용들은 신약성경에 적힌 예수의 부활을 그대로 옮겨 적은 것이다.

하지만 네스토리우스교는 중국에서 그다지 세력을 떨치지 못했다. 우선 중국은 기존에 있던 도교와 불교의 힘이 워낙 막강해서, 외래 종교인 네스토리우스교에 사람들이 별로 귀를 기울이지 않았다. 중국의 네스토리우스교 신도들도 대부분 페르시아나 중앙아시아에서 이주해온 외국인들이었고, 중국인 신도들은 그 수가 매우 적었다.

또한 845년 당나라 무종 황제가 일으킨 법난, 즉 불교 탄압 조치에 네스토리우스교도 휘말려 막대한 피해를 입었다. 가뜩이나 적은 교세에 정

7~8세기 중국에서 그려진 경교 신자들의 모습.
이들의 교세는 불교나 도교 같은 기존의 종교들에 비해서 매우 미약했다.

부의 탄압까지 더해지니, 중국에서 네스토리우스교가 설 자리는 더욱 좁
아졌다. 여기에 페르시아와 중앙아시아 지역이 이슬람교로 개종하면서
네스토리우스교로 들어오는 신도들의 수는 크게 줄어들었고, 10세기 말
에 이르자 중국의 네스토리우스교 교세는 사실상 소멸되기에 이르렀다.

프레스터 요한의 전설은
몽골 초원에서 만들어졌다?

✚

중국에서 타격을 받은 네스토리우스교는 북쪽의 변방인 몽골 초원으로 새롭게 방향을 틀었다. 몽골로 근거지를 옮겨서 현지 부족들을 상대로 선교를 해나간 것이다. 이 방침은 실제로 상당한 효과를 거두어서, 케레이트와 나이만, 웅구트 등 상당수의 유력한 부족들이 네스토리우스교를 받아들이기에 이르렀다.

네스토리우스교를 받아들인 몽골 초원의 강력한 부족인 케레이트족 군주 옹칸의 할아버지와 아버지는 마르구즈와 쿠르자쿠스였다. 이는 기독교식 세례명인 마르쿠스와 키리야쿠스에서 비롯된 것이다. 또한 옹칸은 칭기즈칸의 아버지인 예수게이와 의형제를 맺은 사이였다. 옹칸과 예수게이 집안은 각별한 관계였으니 어쩌면 예수게이 본인도 네스토리우스교, 즉 기독교 신앙에 대해 알고 있었을 것이다.

13세기 유럽의 유명한 탐험가인 마르코 폴로는《동방견문록》에서 프레스터 요한('사제 요한'이란 뜻인데, 중세 유럽에는 먼 동쪽에 기독교를 믿는 강력한 나라를 '프레스터 요한'이라 불리는 사제이자 왕이 다스린다는 전설이 널리 퍼져 있었다.)이 곧 옹칸이라고 말했다. 그는《동방견문록》에서 칭기즈칸이 프레스터 요한의 딸과 결혼하고 싶다고 연락하자, 프레스터 요한은 이에 분노하여 "그는 나의 노예에 불과한데, 어떻게 내 딸을 줄 수 있겠는가? 차라리 내 딸을 불에 태워 죽이는 편이 낫다!"면서 거부하여, 분노한 칭기즈칸이 프레스터 요한

현재 중국 영토인 내몽골 올론 숨에서 발견된 십자가와 시리아 문자가 새겨진 비석. 과거 웅구트 부족이 활동하던 지역이어서, 당시 몽골 초원에 네스토리우스교가 널리 퍼졌음을 보여주는 증거로 남아 있다.

과 전쟁을 벌여 결국 그를 멸망시키고 그의 딸과 여동생 등을 자신의 가족과 결혼시켰다고 주장했다.

　몽골 초원 서부의 나이만족도 네스토리우스교를 믿었다. 훗날 서요를 침략하여 왕위를 빼앗고, 칭기즈칸과 싸웠던 나이만 왕자 쿠틀룩도 원래는 네스토리우스교를 믿다가 서요의 왕이 되면서 불교를 신봉하던 서요 지배층들의 비위를 맞추기 위해서 불교로 개종했다.

이 밖에 내몽골의 웅구트 부족도 네스토리우스교를 믿었는데, 웅구트 족이 활동하던 중심 영역인 내몽골 올론 숨Olon Sum에서는 십자가와 시리아 문자가 새겨진 비석이 발견되기도 했다. 말할 것도 없이 십자가는 기독교의 상징이며, 네스토리우스 교단의 경전은 시리아 문자로 되어 있었기 때문에 이런 유물이 나올 수 있었다.

몽골 제국 치하에서 번성하던 네스토리우스 교단

앞서 마르코 폴로가 말한 프레스터 요한과 칭기즈칸과의 관계는 사실과 약간 다르다. 실제로 칭기즈칸은 옹칸의 딸과 자신의 장남인 주치를 결혼시키려 했으나 옹칸의 아들인 셍굼이 반대하여 실패한 뒤, 옹칸과 전쟁을 벌여 케레이트 부족을 정복하고 셍굼을 죽음으로 몰아넣었다. 그리고 옹칸의 동생인 자아 감보의 딸들은 칭기즈칸의 장남 주치와 막내아들 톨루이의 부인이 된다. 여기서 톨루이와 결혼한 자아 감보의 딸이 소르칵타니다. 그녀는 네스토리우스교를 믿었고, 그녀가 낳은 네 아들은 몽골 제국의 대칸이 되는 몽케와 쿠빌라이, 페르시아에 일한국을 세우는 훌라구, 쿠빌라이와 몽골 제국의 제위를 놓고 싸웠던 아리크부카였다. 몽골 제국의 주요 군주들은 기독교를 믿는 어머니에게서 태어난 것이었다.

또한 칭기즈칸의 셋째 아들이자 몽골 제국 2대 대칸인 오고타이의 장남 귀위크도 네스토리우스교(기독교)에 매우 호의적이었다. 그가 재상으로 임명한 대신인 카닥과 친카이는 네스토리우스교도였으며, 귀위크 본인도 어린 시절부터 카닥의 가르침을 받고 자랐기 때문에 기독교 성직자를 높이 대접했다. 귀위크의 동생인 코추는 시레문이라는 장남을 두었다. 이 시레문은 구약성경에 나오는 이스라엘 왕의 이름인 '솔로몬'을 몽골식으로 옮긴 것이다. 몽골인들도 네스토리우스교를 통해 구약성경을 알고 있던 것이다.

귀위크의 뒤를 이어 몽골 제국의 4번째 대칸이 된 몽케는 로마 교황 인노켄티우스 4세가 파견한 사절

칭기즈칸의 손자이며 서아시아 원정을 통해 일한국을 세운 훌라구. 그는 바그다드 공방전에서 네스토리우스교도와 기독교도들의 목숨을 지켜주었다. 덕분에 그와 그의 아내인 도쿠즈는 중동의 기독교도들로부터 성자에 가까울 정도로 존경을 받았다.

이자 가톨릭 성직자인 루브룩과 1254년 1월 4일 만나서 대화를 나누었다. 루브룩은 몽케에게 인노켄티우스 4세의 뜻대로 가톨릭교로 개종하기를 권유했다. 이에 몽케는 "우리 몽골인들은 텡그리Tengri(하늘이자 천신)가 보낸 예언자들의 가르침대로 아무런 부족함 없이 잘살고 있다."라고 완곡하게 거절했다. 몽케 본인이 몽골인들의 전통 신앙인 샤머니즘을 믿

어서 그랬을 수도 있지만, 달리 생각해본다면 이미 몽골인들은 신의 삼위일체와 예수 그리스도로 잘 알려진 네스토리우스교에 익숙하니 구태여 비슷한 종교인 가톨릭을 믿어야 할 필요성을 느끼지 못해서 그런 말을 했을 수도 있다.

페르시아를 정복하고 일한국을 세운 훌라구는 옹칸의 손녀인 도쿠즈와 결혼했다. 도쿠즈는 가문의 내력상 네스토리우스교도였다. 비록 훌라구 본인은 불교를 믿었지만, 아내의 종교를 매우 존중하여 가는 곳마다 기독교도를 우호적으로 대했다. 1258년 훌라구 본인이 직접 지휘한 이라크 원정에서 아바스 왕조의 수도 바그다드를 함락시켰을 때, 훌라구가 내린 지시에 따라 기독교 신도들과 모든 교회는 전혀 피해를 입지 않았다. 아울러 훌라구의 증손자인 울제이투는 니콜라우스라는 기독교식 세례명을 받았다. 그만큼 일한국의 군주들은 기독교에 우호적이었는데, 이는 네스토리우스교의 영향이 컸다. 비록 정통 기독교 교단에서는 네스토리우스교를 이단시했지만 네스토리우스교는 기독교를 가깝게 여겼던 것이다.

쇠퇴해가는 네스토리우스 교단

몽골 제국이 발흥하던 13세기, 몽골인들에게 큰 지원을 받고 번영을 누렸던 네스토리우스 교단은 14세기에 들어서 큰 타격을 받았다. 원나라의 몽골인들이 라마교로, 일한국과 중앙아시아의 몽골인들이 이슬람교로 개종하면서 더 이상 네스토리우스교를 믿거나 지켜주지 않으니 자연히 교단의 세력이 위축될 수밖에 없었다. 여기에 이슬람교로 개종한 중동의 몽골인들의 박해가 더해지면서 네스토리우스교는 더욱 궁지에 몰렸다.

쇠퇴해가던 네스토리우스교에 회복 불능의 치명타를 가한 사건이 14세기 말부터 벌어졌다. 그것은 중앙아시아에서 등장한 티무르Timur(1336~1405)가 일으킨 전쟁이었다. "이슬람을 믿는 개는 믿지 않는 인간보다 더 고귀하다."라고 말할 정도로 이슬람교 광신도였던 티무르는 터키에서부터 시리아와 인도 및 러시아에 이르는 광활한 영토를 파죽지세로 휩쓰는 전쟁에 몰두했는데, 그 와중에 네스토리우스 교단이 걸려들었다. 기독교도도 아닌 데다 교단이 가진 재산이 탐났던 티무르는 무자비한 박해와 약탈을 일삼았다. 수많은 성직자와 신도들이 죽임을 당했고, 교단의 재산은 모조리 약탈당했다.

15세기 말로 접어들자, 중국과 몽골 등지의 네스토리우스 교단은 불교와 라마교에 밀려 완전히 소멸해버렸다. 서아시아의 산간 오지에 남아 있던 네스토리우스 교단은 주변 무슬림들의 빈번한 박해에 시달리는 소수 종파로 전락했다. 궁지에 몰린 네스토리우스 교단은 서유럽의 도움을 받기 위해 크테시폰 공의회의 결정을 뒤엎고 1551년 로마 교황을 최고 지도자로 승인하는 조치까지 취했지만, 그 과정에서 반발이 일어나 교단이 분열되고 말았다. 로마 교황을 섬기는 네스토리우스 교단은 칼데아 교단으로, 그것을 거부하는 교단은 아시리아 교단으로 이름을 바꾸었다. 이란의 네스토리우스 교단은 1898년, 강성하던 러시아 제국의 보호를 받기 위해 러시아 정교회와 통합했다. 아시리아 교단은 1차 세계대전 중에 터키의 학살과 탄압을 받아 20만 명이 죽는 등 큰 타격을 입었다.

오늘날 칼데아 교단과 아시리아 교단은 이라크와 시리아 등 중동에서 소수 종파로 남아 있다. 하지만 그들의 처지는 불안하다. 그나마 후세인과 아사드 같은 세속주의 독재자들이 집권했을 때는 그들의 보호하에 안전할 수 있었지만, 그들이 무너지고 이슬람 원리주의 정권이 들어서자 이슬람교도들의 박해를 막아줄 사람이 없어 더욱 위태로워졌다. 옛 네스토리우스 교단의 후예들은 1600년이 지나도 신앙의 자유를 누리지 못하고 있는 것이다.

안드레이 이바노프는 최초의 인류인 아담과 하와에게 죄를 알게 해준 선악과는 둘로 갈라져 사람의 몸에 붙었는데, 그것은 남자의 고환과 여자의 젖가슴이라고 주장했다. 따라서 인류가 원죄를 짓기 전의 순수한 상태로 돌아가려면 사람이 죄를 저지르게 만드는 성기와 젖가슴을 몽땅 잘라내야 한다는 것이었다.

12

스코프츠이 교단

구원을 향한 거세

"성적인 욕망을 극복하면 초월적 경지에 오른다."

– 스코프츠이 교단의 교리에서

인간의 생로병사를 극복하기 위해 나온 개념이 바로 '종교'다. 그런데 간혹 어떤 사람들은 이 종교에 깊숙이 심취한 나머지 아예 인간의 한계를 뛰어넘기 위한 기행을 벌이기도 한다. 인간의 기본 욕망을 끊으라는 것인데, 구원을 얻기 위해 아예 거세를 하라는 기이한 종교도 있었다. 바로 러시아의 스코프츠이 교단이다.

원죄를 끊으려면
거세를 하라!

✛

1771년, 러시아 서부 오룔의 농부 안드레이 이바노프Andrei Ivanov는 성경에 담긴 교리를 자의적으로 해석하여 스코프츠이Skoptsy라는 비밀 종파를 창시했다. 스코프츠이는 '거세하다'라는 뜻의 러시아어 '스코페츠skopets'에서 유래했는데, 말 그대로 신도들에게 성기를 자르라고 권유하는 종교 단체였다.

왜 종파의 이름을 '거세'라고 정했을까? 여기에는 그럴듯한 이유가 있었다. 안드레이 이바노프는 최초의 인류인 아담과 하와(이브)에게 죄를 알게 해준 선악과가 둘로 갈라져 사람의 몸에 붙었는데, 그것은 남자의 고환과 여자의 젖가슴이라고 주장했다. 따라서 인류가 원죄를 짓기 전의 순수한 상태로 돌아가려면 사람이 죄를 저지르게 만드는 성기와 젖가슴을 몽땅 잘라내야 한다는 것이었다.

이바노프의 주장이 그럴싸했던지 그의 이웃에 살던 농부 13명은 그가 만든 스코프츠이 교단에 들어

스코프츠이 교단에 들어가 유방을 절개한 여신도의 모습을 그린 그림.

가 자진해서 거세를 했다. 하지만 마을에 들르는 상인들을 통해 이 사실이 외부로 알려지자, 러시아 정부는 스코프츠이 교단을 사이비 종교로 규정하고 그들을 검거했다. 이바노프와 그를 도운 조수 콘드라티 셀리바노프Kondratii Selivanov는 함께 시베리아로 유배되었다.

러시아 황제와 귀족마저 열광했던 스코프츠이 교단

1755년 셀리바노프는 시베리아를 탈출했다. 그는 다시 교단을 만들고 스코프츠이의 교리를 널리 전파하여 신도들을 모았다. 셀리바노프는 자신이 죽은 러시아 황제 표트르 3세이자 인간으로 나타난 신의 아들이라고 주장했다. 셀리바노프가 다시 세운 스코프츠이 교단에는 가난한 농부들뿐만 아니라, 귀족과 군 장교 및 공무원과 부유한 상인에 기성 교단의 교리에 의문을 품은 성직자들까지 몰려들어 서로 가입하려고 애를 썼다.

셀리바노프는 18년 동안 그를 추종하는 신도들의 도움으로 러시아 수도 상트페테르부르크에서 부유하게 살았다. 한때는 셀리바노프가 표트르 3세라고 말한 데 호기심을 가진 파벨 1세 황제가 그를 불러 직접 만나볼 정도로 그는 러시아 정계에서 화젯거리였다. 셀리바노프를 만난 파벨 1세는 그가 자신의 부친 표트르 3세가 아님을 알고 1797년 그를 황족 사칭죄로 투옥시켰다. 그러나 1801년 3월 23일, 파벨 1세가 사망하

스코프츠이 교단을 비롯한 신비주의 종파에 심취했던 러시아 황제 알렉산드르 1세. 러시아 화가 스테판 세묘노비치 시추킨Stepan Semyonovich Shchukin의 1809년 작품.

고 그의 아들 알렉산드르 1세가 즉위하자 셸리바노프는 자유를 되찾았다.

알렉산드르 1세는 부친과 달리 셸리바노프가 주창한 교리에 깊이 공감하여 그를 황실의 귀빈으로 우대하고 자주 초청하여 설교를 들었다. 알렉산드르 1세는 전쟁터에서도 틈나는 대로 성경을 꺼내어 읽을 만큼 신비주의적인 성향이 강한 인물이었는데, 특히 1812년에 있었던 나폴레옹과의 전쟁에서 승리한 이후부터는 자신이 혼란과 도탄에 빠진 유럽을 구하는 사명을 받은 구세주라고 여겼다. 그런 알렉산드르 1세에게 셸리바노프는 사람들이 잘 몰랐던 신의 가르침을 전하는 위대한 스승으로 비추어졌을 것이다.

한편 황제의 총애를 받은 셸리바노프는 궁전을 자유자재로 드나들며 대귀족과 고위 장성 같은 권력층들과 교제할 정도가 되었다. 그가 주창한 교리를 따른 대표적인 유명 인사로는 프랑스 군대를 격퇴시킨 18세기 말의 명장 수보로프 장군이 있었다.

소련 정부의 탄압에 사라지다

✚

셀리바노프와 스코프츠이 교단은 1825년 알렉산드르 1세가 사망하고 후계자 니콜라스 1세가 즉위하자 교단 소유의 수도원들이 강제로 폐쇄되는 등의 박해를 받기도 했지만, 교세는 위축되지 않았고 계속 신도들이 늘어갔다. 러시아 정부가 조사한 바에 따르면 1866년까지 공식적으로 거세파에 가입한 신도들은 총 5444명이었는데 그중에서 남자 신도 703명과 여자 신도 100명이 각각 고환과 젖가슴을 잘라내는 거세 의식을 치렀다고 한다. 스코프츠이 교단은 신도들에게 거세를 강요하지는 않았고, 다만 권장하는 정도에서 그쳤다. 물론 자진해서 거세를 하는 신도들은 하지 않는 신도들보다 '성욕을 극복한 훌륭한 사람'으로 불리면서 더 존경받았다.

스코프츠이 교단의 예배는 언제나 밤중에 열렸는데, 스코프츠이 교단에서는 밤을 '신비의 시간'이라고 여기며 신성시했다. 예배에 참석하는 신도들은 모두 흰색 상의와 바지를 입고서 지하실로 내려가, 다른 신도들과 함께 무아지경에 빠질 때까지 원을 그리며 춤을 추고 신을 찬양하는 찬송가를 불렀다. 이는 다분히 이슬람교의 신비 교단 수피파의 영향을 받은 것이다. 이런 식으로 예배를 계속하다 해가 뜨는 아침이 되면 의식을 끝내고, 차를 마시며 즐겁게 이야기를 나누다 각자의 집으로 돌아갔다.

20세기 초에 이르자 스코프츠이 교단의 신도 수는 10만여 명으로 늘

흰 옷을 입고 둥글게 빙빙 도는 춤을 추면서 몰아지경에 빠지는 이슬람 수피파 신도들. 스코프츠이 신
도들도 비슷한 방식으로 예배를 했다. ⓒDiaz

어났다. 하지만 제정 러시아가 무너지고 소련이 들어서자 교단은 큰 위기를 맞았다. 종교를 인정하지 않는 소련 정부는 스코프츠이 신도들을 체포해 집단농장이나 시베리아의 유형소로 보내 혹독하게 탄압했다. 그 바람에 스코프츠이 교단은 거의 사라졌다. 그럼에도 스코프츠이 교단은 20세기 중엽까지 소련의 변방이나 오지 마을 등에서 은밀하게 존재했다.

물론 21세기인 지금에 와서는 러시아에서 더 이상 스코프츠이 교단을 찾을 수 없다. 현재 러시아는 러시아 정교회가 거의 국교나 다름없이 강하게 자리 잡고 있기 때문이다.

성욕을 초월한 인간은
더 진보한다

✚

스코프츠이 교단은 특이한 괴짜들이었을까? 그렇게만 보기는 어렵다. 인간이 성욕의 갈등에서 벗어나면 더욱 훌륭한 존재로 발전한다는 믿음은 플라톤을 비롯한 고대 그리스나 로마의 철학자들도 가지고 있었다.

플라톤에 따르면, 원래 인간은 남자와 여자가 한 몸이었고 지성과 힘이 매우 뛰어나 신들과 겨룰 정도였는데 이를 질투한 최고 신 제우스가 일부러 남자와 여자를 떨어뜨려놓아 인간이 남자와 여자의 갈등에 휩싸여 약해졌다는 것이다.

마케도니아의 알렉산드로스 대왕과 로마 장군 스키피오는 기회만 있

그리스의 철학자 플라톤. 그는 육체와 영혼의 이분법적 논리에서 비롯된 이데아론을 주창했고, 이후 2000년간 서구 철학에 큰 영향을 주었다. 이탈리아 로마 카피톨리니 박물관 소장.

로마 황제 율리아누스의 초상이 들어간 동전. 율리아누스는 플라톤을 존경했고, 그가 남긴 가르침대로 평생 여자를 멀리하는 삶을 살았다.

으면 자신들이 여자에 대한 성욕을 초월했다는 것을 과시하기 위해, 전쟁터에서 포로로 잡은 여자들에게 눈길조차 주지 않았다. 알렉산드로스 대왕은 적수인 페르시아 황제 다리우스 3세의 어머니와 아내를 너그럽게 대하며 그녀들에게 어떤 박해도 가하지 않고 자신과의 성관계를 강요하지도 않았다. 스키피오 역시 자신이 전쟁터에서 포로로 잡은 아름다운 여성들을 전혀 건드리지 않았고 약혼자에게 돌아가도록 배려해주었다. 알렉산드로스 대왕을 존경했던 로마 황제 율리아누스도 페르시아 원정에서 붙잡은 여자 포로들에게 아무런 위해도 가하지 않았다.

그런가 하면 로마의 적수였던 게르만족도 비슷한 생각을 했다. 로마 장군 카이사르가 쓴 《갈리아 전기》에 의하면, 게르만족 남자들은

중국 명나라 때 함대를 이끌고 인도양을 탐험했던 정화.
그는 환관이었지만 역사에 길이 남을 대업적을 세웠다.

여자와 성관계를 늦게 갖거나 아예 갖지 않을수록 더욱 강한 힘을 얻게
된다고 믿었으며, 그래서 동정을 유지하고 있는 남자를 매우 높이 칭송
했다고 한다.

　이 밖에도 이미 거세되어 성욕을 발휘할 수 없게 된 환관의 경우도 있

중국 후한 왕조 시절 환관의 몸으로 종이를 발명한 채륜. 그가 만든 종이는 오늘날까지 인류 문명에 없어서는 안 되는 물건이 되었다. 작자 미상의 18세기 작품.

다. 일반적으로 환관이라고 하면 여자 같은 목소리를 내며 임금 옆에서 잡다한 시중이나 드는 나약한 심부름꾼 정도로 생각하지만 세계사적으로 환관들이 큰 역할을 한 경우가 많다.

동로마 제국의 환관이었던 나르세스는 뛰어난 장군으로 자신이 직접 군대를 이끌고 전쟁터로 나가 동고트 왕국을 쳐부수는 큰 공을 세웠다. 중국 송나라의 환관 동관도 서하와 오랫동안 싸워 전공을 세운 장군이었으며, 명나라의 환관 정화는 7차례에 걸쳐 남중국해와 인도양을 항해하는 대원정을 단행한 훌륭한 제독이었다. 또 한나라의 환관 채륜은 종이를 발명하는 업적을 남기기도 했다. 환관들은 거세가 되어 성욕을 더 이상 이어갈 수 없었기 때문에 그만큼 자신들의 일에 전력을 다해 뛰어난 공헌을 세웠던 것으로 보인다.

안드레이 이바노프와 비슷한 발상을 한 사람이 20세기 한국에도 있었다. 1979년 신흥 종교 단군교를 창시했다가 1996년에 개신교로 개종한 목사 김해경 씨는 자서전 《주여, 사탄의 왕관을 벗었나이다》에서 산속에서 자신과 함께 도를 닦던 사이비 교주 중 한 명이 성욕이 있으면 득도에 도달할 수 없다는 발상을 해서 스스로 거세했다는 이야기를 했다. 언제 어디서나 비슷한 생각을 하는 사람들이 있는 법이다.

《칼레발라》에 따르면, 태초의 세상은 '일마타르'라는 이름을 가진 한 명의 순결한 처녀로부터 시작되었다고 한다. 그녀는 임신한 상태로 거대한 원시의 바다 위를 아주 긴 세월 동안 떠다 녔는데, 그러던 중에 어느 하얀 오리가 무릎 위로 내려와 황금색 알을 낳고는 떠났다. 그 알 이 뜨거워지더니, 갑자기 깨어지면서 노른자와 흰자가 흘러나왔다. 부서진 알의 껍질은 각각 하늘과 땅, 노른자는 해, 흰자는 달이 되었다.

핀 란 드 의
원 시 신 앙
시와 노래로 전해
진 평화의 전통

"해와 달을 담은 하나의 알, 처녀의 무릎에 떨어졌네."

-《칼레발라》에서

우리에게 핀란드는 그다지 익숙한 나라가 아니다. 기껏해야 광고에 나온 '자일리톨'이나, 북유럽 국가답게 복지제도를 탄탄히 잘 갖추고 있다는 것 정도가 알려졌을 뿐이다. 그런 핀란드에 독자적인 신화가 있다는 사실을 아는 사람들은 더더욱 적다. 하지만 사람들이 사는 곳이면 어디나 신화가 있기 마련이다.

핀란드 신화는 우리에게 친숙한 고전으로 자리 잡은 그리스 신화는 물론이요,《반지의 제왕》을 비롯한 대중문화로 잘 알려진 북유럽 신화나 켈트 신화, 심지어 슬라브 신화보다 더 알려져 있지 않다. 그러나 핀란드 신화를 담은 《칼레발라Kalevala》의 서사 구조와 내용은 이들 신화 못지않게 흥미로운 것들이 많다.

태초의 처녀와 알

✚

오늘날 핀란드 신화는 《칼레발라》라고 불리는 책에 일목요연하게 정리되어 있다. 《칼레발라》는 19세기에 이르러서야 편찬되었다. 그전까지 핀란드인들이 믿어오던 신화는 모두 입에서 입으로 전해지다가, 핀란드의 애국 시인인 엘리아스 뢴로트Elias Lönrot가 일일이 시골 마을을 돌아다니면서 노인들을 대상으로 수집한 신화들을 책으로 엮으면서 비로소 세상의 빛을 보게 된 것이다.

《칼레발라》에 따르면, 태초의 세상은 '일마타르'라는 이름을 가진 한 명의 순결한 처녀로부터 시작되었다고 한다. 그녀는 임신한 상태로 거대한 원시 바다 위를 아주 긴 세월 동안 떠다녔는데, 그러던 중에 어느 하얀 오리가 무릎 위로 내려와 황금색 알을 낳고는 떠났다.

핀란드 신화를 수집하여 이를 한 권의 책 《칼레발라》로 정리한 핀란드 시인 엘리아스 뢴로트.

《칼레발라》에 등장하는 태초의 순결한 처녀 일마타르. 그녀가 낳은 아이인 베이네뫼이넨이 《칼레발라》의 주인공이다. 그녀는 세상을 낳은 어머니인 셈이다. 핀란드 화가 로버트 빌헬름 에크만Robert Wilhelm Ekman의 1860년 작품.

그 알이 뜨거워지더니, 갑자기 깨어지면서 노른자와 흰자가 흘러나왔다. 부서진 알의 껍질은 하늘과 땅, 노른자는 해, 흰자는 달이 되었다.

그 후 그녀가 몸을 비틀자 물고기와 숲, 바위가 생겨났다. 그리고 그녀의 자궁 속에서 갑갑하게 살고 있던 아이는 스스로 어머니의 몸에서 나와 바다를 헤엄쳐 땅에 올랐다. 그가 바로 핀란드 신화의 가장 중요한 인물로 음유시인이자 마법사인 '베이네뫼이넨'이다.

이것이 핀란드 천지창조 신화이다. 《칼레발라》의 이런 설정은 힌두교에 등장하는 '황금알'과 비슷하다. 힌두교의 경전 《리그베다》에 의하면 태초에 우주는 아무것도 없는 거대한 어둠에 휩싸여 있었는데, 어느 날 빛나는 황금알 하나가 나타나 깨어지자, 그 안에서 해와 달을 비롯한 우주의 모든 사물들이 나와서 세상이 시작되었다고 한다.

지리적으로 먼 핀란드 신화와 인도 신화에 비슷한 천지창조 설화가 등장하는 이유는 무엇일까? 혹시 기원전 15세기 무렵에 시작된 인도-유럽어족(아리안족)의 이동에 따른 결과가 아닐까? 실제로 아리안족은 인도와 페르시아, 러시아 등지까지 진출했으니, 러시아와 가까웠던 핀란드도 그러한 아리안족의 이동에 따른 문화적 영향을 받았을지도 모른다.

하지만 핀란드는 기본적으로 우랄-알타이 계통에 속하는 아시아계 민족이다. 비록 지금은 이웃한 백인들과 외모 면에서 차이가 없으나, 그것은 오랜 세월에 걸친 혼혈의 결과다. 핀란드 신화는 아리안 계통에 속하는 북유럽, 그리스, 인도 신화와 같은 점보다는 다른 점이 더 많다. 뒤에 가서 더 자세히 설명하겠지만, 바로 '폭력에 대한 혐오'다.

<h1 style="text-align:center">핀란드인들이
숭배하던 옛 신들</h1>

《칼레발라》는 핀란드인들이 기독교로 개종하기 이전에 숭배하던 전통

핀란드의 옛 신들

우코Ukko : 하늘과 천둥, 날씨, 작물과 다른 자연의 신이자 최고 신. 천지창조 이전부터 존재했다. 이 륜전차를 타고 하늘을 비행하며 도끼나 망치를 무기로 사용하는데, 이는 그가 번개를 내리는 것을 상징한다. 북유럽 신화의 토르와 비슷하다.

파에비바에Paeivae : 태양의 신.

쿤Kuu : 달의 신.

아카Akka : 땅의 여신.

라흐코Rahko : 시간의 신.

파이바타르Paivatar : 하루와 낮의 여신.

벨라모Vellamo : 바다의 여신.

아흐티Ahti : 물고기와 심연의 신.

타피오Tapio : 숲의 신.

니리키Nyyrikki : 사냥의 신.

페코Pekko : 수확과 맥주의 신.

아크라스Akras : 풍요와 식물의 신.

투오니Tuoni : 지하의 신.

바마타르Vammatar : 질병의 여신.

일마타르Ilmatar : 공기의 여신이자 태초의 순결한 처녀, 베이네뫼이넨의 어머니.

투르사스Tursas : 전쟁의 신.

로우히Louhi : 추운 북쪽 땅의 여신.

스웨덴에서 발견된 숫돌 조각. 우코를 상징하는 물건으로 추정된다.

마법의 솥인 삼포를 되찾아가려는 베이네뫼이넨과 그것을 막으려고 큰 새로 변한 로우히. 핀란드 화가 로버트 빌헬름 에크만의 1866년 작품.

신앙을 노래와 시로 표현한다. 거기에는 핀란드 신화의 옛 신들이 등장한다.

아울러 핀란드 신화에서는 신들을 총괄하여 주말라Jumala라고 부르는데, 원래는 핀란드 신화에서 하늘이나 하늘 신, 최고의 신을 부르는 존칭이었다. 기독교가 전래된 이후에는 이 주말라가 한국의 '하느님'처럼 기독교 유일신의 이름으로도 사용되었다.

신비한 마법의
노래를 부르는 음유시인
베이네뫼이넨

700년 만에 바깥 세상으로 나온 베이네뫼이넨은 바닷가에서 나무 묘목과 보리 씨앗을 발견하고, 이를 황무지에 심어 나무와 보리가 잘 자랄 수 있는 기원을 담은 노래를 부른다.

이러한 점에서 베이네뫼이넨이 단순한 음유시인이 아니라, 일종의 무당이었다고 볼 수 있다. 고대에는 시와 노래가 따로 구분되지 않았다. 그리고 옛 사람들은 사람의 말에 힘이 담겨 있다는 이른바 언령言靈 신앙을 믿었다. '말이 씨가 된다'는 우리 속담도 그렇다. 또한 신비한 힘이 담긴 노래로 사물을 움직일 수 있다고 믿는 사람들을 달리 표현하면 바로 무당이다. 우리나라 무당들도 굿을 하며, 여러 신에게 자신의 기원을 담은

《칼레발라》의 주인공인 베이네뫼이넨. 그는 음유시인이면서 강력한 힘을 가진
마법사이자 무당이기도 했다.《반지의 제왕》을 쓴 톨킨 J. R. R. Tolkien은 그를 모델로 하여 마법사이자
현자인 간달프를 만들었다고 밝혔다. 핀란드 화가 악셀리 갈렌-칼레라 Akseli Gallen-Kallela의
1893년 작품. 핀란드 국립박물관 소장.

삼포를 만드는 대장장이들.
악셀리 갈렌-칼레라의 1901년 작품. 핀란드 국립박물관 소장.

말을 노래로 표현한다.

실제로 이어지는 《칼레발라》 내용에서 베이네뫼이넨은 다른 음유시인인 요우카하이넨과 대결을 벌이는데, 다른 신화들에서처럼 힘이나 폭력이 아니라 신비한 힘이 담긴 노래를 불러서 요우카하이넨을 굴복시키는 장면이 등장한다. 베이네뫼이넨에게 시와 노래는 곧 마법의 주문인 셈인데, 이것이야말로 무당의 주술과 같은 맥락이다.

베이네뫼이넨은 이미 죽은 어머니 일마타르(구체적으로 묘사되지는 않았지만, 그녀는 베이네뫼이넨을 낳고 곧바로 죽은 듯하다.)로부터 신붓감을 얻기 위해 멀리 북쪽의 포욜라 왕국으로 가라는 조언을 듣는다. 이 역시 죽은 자의 영혼과 소통하는 무당으로서의 면모가 드러나는 설정이다. 실제로 19세기 핀란드의 몇몇 민속학자들은 그가 9세기 무렵에 활동했던 샤먼(무당)이라고 주장하기도 했다.

그런가 하면 16세기 핀란드 학자 미카엘 아그리콜라Mikael Agricola (1510~1557)가 1551년에 작성한 '타바스티안 신들의 명단list of Tavastian gods'에 의하면, 베이네뫼이넨은 본래 사람이 아닌, 핀란드인들이 숭배하던 신이었다고 한다. 핀란드인의 신이었던 베이네뫼이넨이 시간이 흐르면서 점차 마법의 노래로 사람들을 매혹시키거나 사로잡는 강력한 힘을 지닌 늙고 현명한 음유시인으로 묘사되었다는 것이다.

마법의 솥 삼포에 담긴
핀란드 신화의 철학

✚

핀란드 신화는 다른 신화들에 비하면 평화를 사랑하고 폭력을 멀리하는 경향이 강하다. 한 예로 핀란드와 바로 인접한 북유럽 지역의 신화와 비교해보면 다른 점이 확연히 드러난다. 북유럽 신화에서는 신들이 사악한 거인 이미르를 죽이고 그의 시체로 세계를 만들었다고 얘기한다. 그저 임신한 처녀의 무릎에 떨어진 알이 저절로 깨어져 그 안에서 해와 달이 나왔다거나, 처녀가 낳은 음유시인의 노래와 마법으로 가득 찬 핀란드 신화와 비교하면 너무나 대조적이다. 요약하면 북유럽 신화는 그 근본부터 피와 폭력으로 가득 찬 데 반해, 핀란드 신화는 지극히 평화적이다. 북유럽의 게르만족은 오랜 세월을 침략과 살상으로 보낸 데 반해, 핀란드의 핀족은 평화적인 삶을 꾸려온 것에서 비롯된 결과로 보인다.

《칼레발라》에서 뛰어난 대장장이 일마리넨이 신비한 마법의 힘을 가진 솥 '삼포'를 만들기 위해 대장간에서 일하는 장면을 보면 더욱 분명해진다. 일마리넨은 친구 베이네뫼이넨을 위해 삼포를 만들어주기로 결심한다. 삼포를 만들어 마녀 로우히에게 가져다주면 그 대가로 로우히의 아름다운 막내딸과 결혼할 수 있다는 것이다. 그래서 일마리넨은 대장간에 들어가 열심히 풀무질을 하며 삼포를 만들려고 했는데, 그전에 다른 네 가지 보물들을 만들었다.

《칼레발라》에 등장하는 영웅 쿨레르보가 모험을 떠나고 있다.
악셀리 갈렌-칼레라의 1899년 작품. 핀란드 국립박물관 소장.

첫 번째 보물은 은과 구리로 만들어진 활인데, 매일 영웅의 머리를 하나씩 달라고 요구했다. 두 번째 보물은 금과 구리로 만들어진 배인데, 항상 전쟁을 일으켰다. 세 번째 보물은 습지와 초원을 망치면서 인간이 우유를 얻을 수 없게 만드는 암소였다. 네 번째 보물은 금, 구리, 은으로 만들어진 쟁기인데, 오만하여 곡식밭을 쟁기질하면서 초원을 망쳤다. 일마리넨은 사악한 이 보물들이 마음에 들지 않아서 완성한 즉시 다시 용광로 속 깊숙이 던져 없애버렸다. 그리고 최선을 다해 마지막 보물을 만들었는데, 그것이 바로 삼포였다. 삼포는 스스로의 힘으로 끝없이 밀가루와 소금, 돈을 만들어내는 신비한 솥이었다.

이 내용은 북유럽 신화와 확실히 대조된다. 북유럽 신화에서는 대장장이들이 만든 보물인 묠니르(천둥 망치)와 궁니르(던지는 창), 스키드블라니르(모든 신이 탈 수 있는 강력한 전함)같이 전쟁에 쓰이는 무기들이 크게 대접을 받았다. 그러나 핀란드 신화에서는 정반대로 폭력적인 무기들은 배척되고 풍요를 주는 솥이 더 존중받는다. 핀란드 신화 속에 담긴 평화의 철학이 《칼레발라》에 잘 표현되어 있다고 볼 수 있다. 실제 역사 속에서도 핀란드인들은 바이킹이나 러시아인 같은 주변 민족들과 비교해볼 때 식민지를 만들기 위해 외국과 전쟁을 벌인 예가 거의 없다.

스스로 떠나버린
베이네뫼이넨

《칼레발라》는 주인공 베이네뫼이넨이 떠나면서 끝을 맺는다. 그런데 그 결과를 빚은 과정이 무척 특이하다. '마르야타'라는 처녀가 산딸기를 먹은 뒤 임신하고 남자아이를 낳자, 그녀의 부모와 주변 사람들은 전부 아이가 불길하다고 여겼다. 산딸기를 먹고 나서 아이를 낳았다는 말 자체가 거짓이고, 마르야타가 부모의 허락 없이 몰래 나쁜 남자와 놀아나서 아이를 낳고는 산딸기가 아이를 가지게 했다고 둘러댄다고 믿었기 때문이었다.

아이를 둘러싼 문제 때문에 현자 베이네뫼이넨이 초청되었다. 그는 마르야타가 낳은 아이를 살펴보고는 이렇게 말한다.

이 아기는 버림을 받았고 산딸기가 그의 아버지이므로, 황무지 위에 눕고 골풀 사이에서 잠들게 해야 하며 산 위에서 살게 내버려둬야 한다. 이 아기를 습지로 데려가 자작나무에 머리를 처박게 하라.

판결의 내용을 요약하자면, 산딸기를 먹고 태어난 아이는 정상적인 아이가 아니므로, 황무지에 내버려야 한다는 말이다. 베이네뫼이넨의 냉혹한 판결에 충격을 받은 마르야타는 스스로 물에 빠져 자살을 했고, 어머니의 죽음에 충격을 받은 아기는 놀랍게도 직접 말을 하며 베이네뫼이넨을 꾸짖는다.

당신은 너무 늙어서 어리석고 정의를 잊어버렸군요. 당신은 북쪽 땅의 몰
지각한 영웅입니다. 당신은 잘못된 판단을 내렸어요. 당신은 더 큰 어리석
음과 잘못을 저질렀습니다.

이에 마르야타가 살고 있던 마을의 통치자인 비로칸나스는 아기가 신
비한 능력을 가졌다고 여겨, 그에게 성수를 뿌리며 축복을 내려주는 의
식을 베풀었다. 그리고 장차 아기가 핀란드의 위대한 왕이 될 운명을 지
녔다는 예언을 하기도 했다. 이 사건으로 인해 베이네뫼이넨은 주변으로
부터 죄 없는 사람을 죽게 하고 훌륭한 운명을 가진 아기를 모욕했다는
비판에 시달렸다. 그는 구리로 만든 배를 타고 나중에 평화와 풍요를 가
져다주러 다시 오겠다며 먼 서쪽 바다의 자줏빛 항구로 떠났다.《칼레발
라》는 이렇게 끝을 맺는다.

《칼레발라》를 연구하는 학자들은 베이네뫼이넨이 퇴장하는 이 장면
이, 기독교의 전래와 핀란드 전통 신앙 간의 충돌을 은유적으로 표현한
것이라고 주장한다. 산딸기를 먹고 임신한 처녀 마르야타는 성모 마리아
를, 마르야타의 아들이자 장차 왕이 될 아기는 예수 그리스도를, 그리고
아기를 죽게 해야 한다고 판결을 내린 베이네뫼이넨은 기독교의 교리에
반발하는 핀란드 전통 신앙을 풍자한 설정이라는 견해다.

《칼레발라》는 다른 지역의 신화와 비교하면 매우 아기자기한 느낌을

잘못된 판결로 인해 떠나는 베이네뫼이넨.
그의 퇴장과 함께 《칼레발라》의 장대한 서사시도 끝난다.
악셀리 갈렌-칼레라의 1893년 작품. 핀란드 국립박물관 소장.

준다. 그리스 신화처럼 화려하지도, 북유럽 신화처럼 비장하지도, 인도 신화처럼 방대하지도 않다. 작고 소박한 이야기를 좋아하는 사람들이 관심을 가질 만한 내용이라고 할 수 있다.

《칼레발라》가 핀란드인에게 준 영향

오늘날 핀란드 국민의 대다수를 차지하는 핀족은 기원전 1세기에 우랄 산맥에서 이동하여 핀란드 남부에 정착했으며, 이들은 《칼레발라》에 묘사된 고대의 신들을 믿었다.

12세기 핀란드에 가톨릭교가 전파되고 13세기에 핀란드 전체가 스웨덴의 식민지로 정복당하면서 핀란드인들은 고대의 신들을 버리고 가톨릭을 믿다가, 16세기에 종주국 스웨덴의 변화에 따라 개신교로 또 개종하게 된다. 그리하여 《칼레발라》에 나온 고대의 신들은 신으로서의 힘을 잃고, 이야기 속에서나 나오는 존재로 약화되었다. 즉, 13세기부터 기독교가 들어옴에 따라 핀란드 전통 신앙은 사실상 맥이 끊겼다고 봐야 한다.

1849년 《칼레발라》가 책으로 출간되면서 핀란드인의 민족정신과 애국심이 높아졌고 18세기부터 핀란드를 스웨덴에서 빼앗아 식민지로 지배하고 있던 러시아에 항거하는 움직임이 일어났다. 1918년 마침내 독립을 이룬 핀란드가 오늘날까지 강대국 러시아에 흡수되지 않고, 독립국으로 존재할 수 있는 배경에는 《칼레발라》로 대표되는 핀란드의 정신문화가 있다고 볼 수 있다. 또한 핀란드가 서구와 러시아 사이에서 중립을 지키는 평화로운 나라로 남아 있는 원인 중 하나도 전쟁을 반대하고 평화를 사랑했던 《칼레발라》에서 그 뿌리를 찾을 수 있다.

아울러 《칼레발라》는 20세기 들어서 서구의 작가와 학자들에게 큰 영향을 주었는데, 영국의 작가 톨킨은 《칼레발라》를 즐겨 읽었고, 주인공인 베이네뫼이넨과 마법의 솥 삼포에서 모티브를 따와 현자 간달프와 마법의 도구 절대반지를 만들었다. 전 세계를 열광하게 한 영화 〈반지의 제왕〉은 《칼레발라》에 담긴 핀란드 전통 신앙을 새롭게 해석한 것이다.

이슬람교에서 갈라져 나온 마흐디 교단은 이슬람교의 신 알라를 믿었다. 그러나 교주인 아흐마드 본인이 자신을 가리켜 구세주라고 했던 만큼, 알라 못지않게 아흐마드도 숭배의 대상이 되었다. 마흐디 교단의 신도들은 그가 알라와 가장 가까운 인간이라고 여겼으며, 그가 걸어간 자리에 난 발자국에 입을 맞추기만 해도 알라의 축복을 받는다고 믿었다.

마흐디 교단

세기말의 구세주

"말세가 되면, 마흐디가 나타난다."

- 마흐디 교단의 교리에서

기독교에서 미래에 올 메시아를 믿는 것처
럼 이슬람교에서도 '마흐디Mahdi'라는 구세
주를 믿는다. 마흐디는 세상의 종말 무렵에
나타나, 이슬람을 위협하는 악을 심판하고
세계를 정의로 채운다는 인물이다. 아직도
많은 이슬람교도들은 예수의 재림을 기다
리는 기독교도들처럼 마흐디가 나타날 날
을 고대하고 있다.

마흐디 교단의 창시자인 무함마드 아흐
마드. 그의 무덤은 오늘날 수단에서 신
성시되고 있다.

마흐디 교단
세기말의 구세주

그런데 자신을 마흐디라고 주장한 사람이 실제로 있었다. 그는 18년 동안 아프리카 수단에서 마흐디 교단을 이끌고, 엄격한 이슬람 율법에 따라 왕국을 다스렸던 무함마드 아흐마드 빈 아브드 알라Muhammad Ahmad bin Abd Allah다.

식민지 착취에 시달리다 봉기한 수단의 마흐디 교단

현재 수단의 국민 대다수는 이슬람교를 믿지만, 원래부터 그랬던 것은 아니었다. 수단은 본래 이집트인들에게 '누비아'라고 불리던 땅으로, 처음에는 자연의 정령을 믿다가 시간이 흐르자 이집트에서 들어온 신들을 믿었다. 그러다 4세기부터 로마 제국이 기독교를 공인하자, 그 영향을 받아 기독교를 믿었다.

그로부터 약 300년이 지나고 나서, 아라비아 반도에 이슬람교가 등장하자, 기독교를 믿던 수단인들은 이슬람교를 앞세운 아랍인들의 침공에 맞서 거세게 저항했다. 결국 678년 아랍인들은 수단 정복을 포기하고 물러났다. 무력을 앞세운 아랍의 세력 확장은 실패했으나, 아랍과 수단 간의 평화가 오면서 수단으로 진출하는 아랍 상인들과 이주민들이 늘어났고, 수단의 각 지역을 다스리는 세력가 중에서도 이슬람교를 믿는 사람들이 생겨났다. 급기야 1093년, 수단 북부 마쿠리아 왕국의 국왕은 기독교를 버리고 이슬람교로 개종했으며, 자신처럼 이슬람을 믿는 사람들에게는 세금을 면제해주겠다는 법령을 발표했다. 그러자 수단인 이슬람 신자가 급격히 증가했다.

그러나 이슬람교를 믿게 된 수단은 통일된 국가를 만들지 못했고, 여러 나라로 분열된 상태가 지속되었다. 1820년, 수단은 이집트 군대의 침략을 받아 식민지로 전락했다. 이집트 지배 기간 동안 많은 수단인들은 이집트 정부가 부과하는 무거운 세금 때문에 큰 고통을 겪었다. 특히 고통스러운 것은 가뭄이나 기근이 들어도 수단인들이 이집트 정부에 내야 할 세금이 전혀 줄어들지 않았다는 것이다. 세금을 내지 못하는 가난한 농부들이 세금 징수 관리들의 독촉을 피해 고향에서 떠나 멀리 나일강 계곡으로 달아나는 일이 다반사였다.

19세기 중엽 이집트 정부는 지중해와 홍해를 연결하는 수에즈 운하 건설 작업에 들어갔다. 예상보다 건설 비용이 훨씬 많이 들어가는 바람에 돈이 모자란 이집트 정부는 수단에 매기는 세금을 더욱 늘렸다. 여기에 1877년 이집트 정부가 영국 정부의 압력을 받아, 영국인 장군 찰스 조지 고든을 수단 총독으로 임명하자 수단인들의 상황은 더욱 악화되었다. 고든이 수단의 총독이 되자, 영국 정부는 수단을 자국의 식민지로 간주하여 수단인들에게 세금을 내도록 강요했다. 기존 지배자인 이집트 이외에 영국에게도 이중 지배를 받게 되어 두 나라 정부에 납부할 세금이 두 배로 늘어났다. 가뜩이나 이집트에 높은 세금을 뜯기던 수단인들의 분노는 폭발하기 일보 직전이었다.

마침내 1881년, 수단인들의 대대적인 저항이 일어났다. 수단의 이슬람 수도승인 무함마드 아흐마드는 자신이 세기말에 나타난 구세주 마흐디라고 주장하면서, 수단인들을 착취하고 억압하는 사악한 세력인 이집트인과 영국인들을 수단에서 몰아내고, 순수한 이슬람 율법에 입각한 이슬람 국가를 세워야 한다고 선언했다.

수단의 총독으로 임명된 찰스 고든. 그는 병을 치료하기 위해 수단을 떠나 영국으로 갔다가, 다시 수단으로 돌아왔다. 하지만 하르툼 공방전에서 결국 피살당하고 만다. 오늘날 그는 아프리카에 기독교를 전파하려는 복음주의 선교사들에게 추앙받는 인물이다. 그러나 이슬람을 믿는 수단인들에게 그는 서구 열강의 침략을 상징하는 악당일 뿐이다.

아흐마드의 외침은 폭탄의 심지에 불을 붙였다. 이집트와 영국의 수탈을 증오하던 수단인들은 외국인 침략자들에 맞서 싸우자는 아흐마드의 주장에 공감하며 그의 주위로 몰려갔다. 그리하여 순식간에 아흐마드를 추종하는 일명 '마흐디스트'들이 무려 20만 명으로 늘어났다. 이리하여 아흐마드를 따르는 마흐디스트들은 이집트 및 영국과 17년에 걸친 반反제국주의 투쟁을 벌였다. 세계사에서는 이를 '마흐디스트 전쟁'이라고 부른다.

종말론에서
탄생한 마흐디 교단

✚

20세기 말 전 세계에 세기말 분위기와 함께 종말론이 들끓었듯이, 19세기 말 많은 사람들도 세기말과 종말론을 믿었다. 종말론이 강해지면 으레 그런 군중심리를 이용한 신흥 종교가 등장하기 마련인데, 마흐디 교단도 그랬다.

19세기 당시 지구는 서세동점西勢東漸이라는 말이 그대로 들어맞았다. 산업혁명과 군사기술의 발달을 이뤄낸 영국과 프랑스 등 서구 열강들은 증기선과 기관총을 앞세워 아프리카와 아시아 등 제3세계 국가들을 파죽지세로 정복해나갔다. 서구인들은 자신들의 광대한 식민지 정복을 두고 백인인 자신들이 그렇지 않은 다른 인종들보다 훨씬 우수한 인종이기 때문이라고 믿었으며, 아울러 열등하고 미개한 제3세계 사람들은 인간이 아닌 짐승에 가까우니 얼마든지 그들을 박해하고 학살해도 좋다는 인종차별적 분위기에 흠뻑 젖어 있었다. 실제로 20세기 초 미국에서 발간된 소설에는 중국인과 일본인 등 동양인들만 골라서 죽일 수 있는 살인 광선을 만든다는 내용이 자주 등장한다. 훗날 제2차 세계대전에서 독일의 나치당이 벌인 유대인 대학살 같은 전쟁범죄들은 바로 이러한 19세기 유럽인들의 인종차별적 사고에 기인한다.

반대로 그런 서구인들의 침략 대상이었던 제3세계의 사람들은 당장이라도 서구의 군대가 자신들을 침략하고 무자비하게 살육하여 나라와 문화를 파괴할까 봐 공포에 떨었다. 실제로 서구 열강은 어느 지역을 정복하면 자신들의 문화인 기독교와 자본주의, 근대식 제도를 받아들이라고 강요했으며, 현지 주민들이 지켜온 전통문화를 모조리 야만적인 것으로 멸시하여 파괴했다. 다시 말해서, 제3세계의 주민들은 서구의 압도적인 힘에 자신들의 정체성이 소멸될까 두려워했고, 그것을 마치 세상의 종말처럼 여겼다.

마흐디 교단도 마찬가지였다. 기존의 지배자인 이집트에게 세금을 뜯길 때는 그런대로 견딜 수 있었다. 그런데 이집트가 이슬람교를 믿지 않는 사악한 이교도 영국을 불러와 자신들의 지배자로 앉히자 충격을 받았다. 영국인들이 이슬람교를 파괴하고 자신들에게 서구의 제도를 받아들여 이슬람을 버리라고 강요할까 두려웠던 것이다.

실제 마흐디 교단의 봉기가 있은 지 1년 후인 1882년, 영국은 이집트를 공격하여 보호국으로 만들었다. 이집트는 형식상 독립국이었으나 사실상 영국의 식민지나 다름없었다. 그러자 마흐디 교단은 영국이 이집트를 정복하고 더 나아가 수단마저 정복하려 들지 않을까 더욱 의구심을 품었다. 이 의구심은 나중에 사실이 된다.

오늘날까지 많은 이슬람 국가들이 종교 국가의 모습을 띠고, 서구식 민주주의에 거부감을 느끼는 이유도 마찬가지다. 민주주의는 이슬람을 믿지 않는 이교도 서구인들이 만든 제도이기 때문에, 이슬람에 맞지 않는다는 이유에서다.

마흐디 교단은 서구로 대표되는 외세에 극도의 거부감을 드러냈고, 자연히 모든 제도와 법을 코란에 적힌 그대로 적용하는 엄격한 원리주의를 따랐다. 한 예로 마흐디 교단의 군대는 총보다 전통적인 무기인 칼과 창을 더 자주 사용했다. 총은 이교도인 서구인들이 사용하는 무기였기 때문이다. 아울러 마흐디 교단은 노예제도를 계속 유지했는데, 이는 법적으로 노예제가 폐지되던 당시의 세계 정세를 정면으로 거스르는 행위였다.

이슬람교에서 갈라져 나온 마흐디 교단은 이슬람교의 신 알라를 믿었다. 그러나 교주인 아흐마드 본인이 자신을 가리켜 구세주라고 했던 만큼, 알라 못지않게 아흐마드도 숭배의 대상이 되었다. 마흐디 교단의 신도들은 그가 알라와 가장 가까운 인간이라고 여겼으며, 그가 걸어간 자리에 난 발자국에 입을 맞추기만 해도 알라의 축복을 받는다고 믿었다.

신정일치의 종교 국가를 꿈꾸다

✚

아흐마드는 엄격한 이슬람 율법을 사회에 적용하여 신도들을 통제했다. 그는 이슬람교를 창시한 무함마드가 신도들에게 철저한 금주를 명령한 것을 그대로 본받아서, 지배하는 영토 내의 신도를 포함한 모든 사람들에게 술을 금지했다. 매일같이 이교도들과 전쟁을 치르는 상황에서, 자칫 신도들이 술을 마시고 취해 있다가 적에게 기습당하는 일을 방지하기 위해서였다. 무함마드도 그런 이유에서 술을 금지시켰다. 만약 금주령을 어기고 술을 마시다 적발되는 사람에게는 채찍 8대의 벌을 내렸다.

금주 못지않게 금연도 강조되었다. 담배를 피우다가 적발되는 사람은 100대의 채찍질을 당했다. 담배를 피우면 그 냄새와 불빛 때문에 적에게 위치가 발각된다는 이유 때문이었다. 오늘날 모든 나라의 군대에서 전투 중에 담배를 피우지 말라고 규정하는 것도 같은 이유다.

마흐디 교단에 입교하여 활동했던 마흐디스트의 사진.

아흐마드의 율법은 여자들이라고 봐주지 않았다. 그는 5살 이상의 모든 여자들은 반드시 머리카락을 가려야 하며, 이를 어기면 그 부모를 채찍질하도록 했다. 또한 여자는 남자 가족이나 친척과 함께 있는 상태에서만 집 밖으로 나갈 수 있었다. 만약 이를 어기고 혼자서 집 밖으로 나갔다가 발각되면 채찍질 100대의 처벌을 받았다.

전통적으로 아랍인들은 장례식장에서 슬프게 통곡하는 것을 당연하게 생각했다. 그러나 아흐마드는 이마저도 금지했다. 이슬람을 위해 이교도에 맞서 싸우다 죽은 사람들은 순교자이니 곧바로 천국에 올라가서 알라와 함께 영원히 사는 행복을 누리는데, 그런 그들의 죽음은 기뻐해야 할 일이지 울면서 슬퍼해서는 안 된다는 것이 아흐마드의 주장이었다.

한편 아랍 무슬림들은 결혼식을 삶에서 가장 중요한 일로 여기고, 한 번 결혼식을 할 때 돈을 아끼지 않았다. 하지만 아흐마드는 이마저도 허락하지 않았고, 돈을 가급적 적게 쓰고 요란한 잔치도 벌이지 말라고 명령했다. 이슬람을 위협하는 사악한 적들에 맞서 성스러운 전쟁을 벌이고 있는 상황이니, 한 푼의 돈이라도 군사비로 써야지 결혼식에 쓰느라 낭비하면 안 된다는 것이 그의 주장이었다. 이와 비슷한 예로 1990년대 아프가니스탄을 장악했던 이슬람 원리주의 집단 탈레반도 아흐마드와 같은 명령을 내렸다. 아프가니스탄 주민들이 결혼식을 성대하게 벌이면 쓸데없는 돈 낭비라고 혹독한 처벌을 가했던 것이다.

마흐디 교단은 전쟁터에서 생기는 전리품을 모두가 공평하게 나눠야 한다는 율법을 적용했는데, 전리품을 혼자서 독차지하려는 신도가 있으면 도둑질로 간주하여 곧바로 손목과 발목을 절단해버렸다. 이는 이슬람 경전인 코란에 적힌 "도둑질을 한 자는 손목과 발목을 자르라."라는 율법을 그대로 따른 것이었다. 수단의 마흐디 교단은 많은 부분에서 오늘날 아프가니스탄을 지배하고 있는 이슬람 원리주의 세력 탈레반과 비슷했다. 탈레반처럼 그들도 군사력으로 외세를 몰아내고 자신들만의 이슬람 국가를 건설하려 했다.

마흐디 교단에도 어두운 구석은 있었다. 신 앞에 모두가 평등하다는 이슬람교를 믿은 집단이었지만, 마흐디 교단 내에서도 차별은 엄연히 존재했다. 마흐디 교단은 신도들을 안사르Ansor와 비非안사르로 구분했다.

안사르는 이슬람교의 창시자인 무함마드를 처음부터 돕고 아흐마드의 봉기 때부터 그의 곁에서 함께했던 사람들이었다. 마흐디 교단은 안사르로 꼽힌 사람들만을 주요 관직에 앉혀 부와 권력을 주었고, 비안사르들에게는 그런 혜택을 전혀 주지 않았다. 비안사르로 분류된 사람들은 자신들을 홀대하는 마흐디 교단에게 불만을 품었고, 이는 나중에 비안사르 계층들 중 상당수가 침략자인 영국군에게 협조하는 결과를 낳았다.

마흐디 교단의 반제국주의 투쟁

순수한 이슬람 원리주의와 반외세를 부르짖으며 일어난 마흐디 교단은 곧바로 주변의 거의 모든 세력들의 적이 되었다. 특히 이집트를 집어삼키고 더 나아가 수단마저 식민지로 삼으려 호시탐탐 기회를 엿보던 영국은 마흐디 교단을 곧바로 적대시하여 무력을 동원해 멸망시키려 했다. 하지만 마흐디 교단은 영국의 예상과 달리, 만만한 상대가 아니었다. 신앙을 지키기 위해 기꺼이 전쟁터로 나아가 죽으려는 마흐디 신도들의 굳은 의지는 최신 무기로 무장한 영국군을 번번이 막아내는 놀라움을 보여주었다.

1883년 11월 5일, 수단 북부 엘 오베이드 마을에서 영국군은 마흐디 교단과 처음 전투를 벌였다. 당시 영국군을 지휘하던 힉스 대령은 마흐

퇴역한 영국 육군 장교 힉스 대령이 이끈 이집트 군대를 그린 그림.
이들은 엘 오베이드 인근에서 벌어진 전투에서 마흐디군의 매복에 걸려 전멸했다.
작자 미상의 1883년 작품.

디 교단을 한낱 오합지졸 광신도쯤으로 우습게 여기다가, 마흐디군에게
포위되어 본인은 물론, 거느리고 갔던 군대마저 모조리 전멸당하는 대패
를 맛보았다.

　영국군은 1885년 1월 26일에 현재 수단의 수도 하르툼에서 벌어진
공방전에서 두 번째로 마흐디 교단과 맞붙어 역시 참패를 당했다. 당시
하르툼을 지키던 영국군 지휘관은 찰스 고든 장군이었는데, 그는 크림전
쟁과 아편전쟁에서 큰 전공을 세웠던 명장으로 영국인들의 추앙을 받고

있었다. 이런 사람이 수단에 가서 마흐디 교단과 싸우다 전사했다는 소식을 들은 영국인들은 큰 충격을 받았다.

한편 강력하다고 소문난 영국군을 상대로 두 번이나 승리하여 자신감에 가득 찬 아흐마드는 홍해 인근을 제외한 수단의 대부분을 세력권 아래 넣었다. 그는 수단을 이슬람 율법에 따라 운영되는 이슬람 국가로 만들려고 노력했다. 그러나 하르툼에서 승리한 지 5개월 후인 1885년 6월, 그는 뜻하지 않은 병으로 사망한다.

아흐마드가 사망하자 마흐디스트들은 새로운 지도자로 압달리를 선출했다. 그는 마흐디라는 칭호 대신, 자신이 모든 이슬람 신도들의 대표라고 자처하며 칼리프(신의 사도의 대리인)라는 칭호를 사용했다. 교주 아흐마드의 죽음에도 마흐디 교단의 교세는 전혀 타격을 받지 않고 계속 굳건했다. 대부분의 신흥 종교들이 교주의 죽음과 동시에 무너지는 점을 본다면, 마흐디 교단은 단순히 아흐마드 한 사람만을 맹목적으로 추종하는 종교가 아니라 외세에 맞서 자신들이 가진 삶의 터전과 문화를 지키려는 수단인들의 염원을 반영했다고 보아야 할 것이다.

하르툼 공방전 이후 마흐디 교단은 그들의 교리를 수단뿐 아니라 이집트에도 전파하여 더욱 거대한 이슬람 신정 국가를 확장하고 영국을 완전히 추방하겠다는 열망에 불타 이집트를 침공했다. 그러나 이집트를 지배하고 있던 영국군의 방어에 부딪쳐 패배했다. 동부 아프리카의 오랜 기독교 국가였던 에티오피아와도 전쟁을 벌였으나, 에티오피아를 식민지로 삼으려던 이탈리아군과의 전투에서 참패했다. 마흐디 교단의 이집

찰스 고든의 죽음을 그린 그림. 그는 사후 영국인들에게 아프리카에 문명을 전하려던
순교자로 인식되었다. 물론 수단인들에게는 그저 침략자일 뿐이었다.
영국 화가 조지 W. 조이George W. Joy의 1893년 작품.

옴두르만 전투에서 마흐디군에 승리한 영국군 장군 호레이쇼 키치너. 그의 승리 소식에 영국인들은 열광했고, 이 승리를 기념하기 위해 옴두르만의 이름을 딴 기차역과 광장 등 공공시설이 영국 곳곳에 들어섰다.

트·에티오피아 침공은 결과적으로 주변 세력들이 마흐디 교단을 적대시하는 역효과를 불러왔다.

마흐디 교단의 종말은 1898년 9월 2일, 하르툼 인근의 옴두르만에서 벌어진 전투에서 찾아왔다. 이 전투에서 영국군은 최신 무기인 맥심 기관총을 준비하여 마흐디 교단을 상대했다. 맥심 기관총은 1분에 총탄 600발을 발사할 수 있는, 당시로서는 가히 최첨단 무기였다.

영국군은 옴두르만 전투에서 몰려오는 마흐디 교단의 신도들에게 이 맥심 기관총을 겨누고 총탄을 퍼부었다. 이제까지 굳건한 신앙심으로 무장하여 영국군과 싸워왔던 용맹한 마흐디 신도들도 쉬지 않고 발사되는 기관총의 총탄은 도저히 이길 수 없었다. 옴두르만 전투에서 마흐디 교단은 단 하루 만에 무려 3만 명이 넘는 사상자를 낸 끝에 대패를 당했다.

옴두르만 전투에서 승리한 영국군은 옴두르만 시가지로 진입하여 아흐마드의 무덤을 파괴하고 그의 두개골을 잘라서 석유통에 넣는 만행을 저질렀다. 이 소식을 들은 영국의 빅토리아 여왕은 "중세 시대에나 있을

옴두르만 전투를 묘사한 기록화. 영국군이 준비해 간 맥심 기관총의 총탄 세례에
마흐디 전사들은 그야말로 일방적으로 학살당했다.
작자 미상의 1898년 작품.

법한 야만적인 범죄입니다."라고 경악하면서, 아흐마드의 유골을 즉각 원상복구하라고 지시했다. 하지만 아흐마드의 두개골을 도로 관 속으로 넣는다고 해도, 영국군이 기관총으로 쏘아죽인 마흐디교도의 유족들에게는 아무런 위안도 되지 못했다.

1899년 11월 25일, 영국군을 피해 도망 중이던 압달리와 그 신도들은 움 디웨이카라트에서 영국군의 추격을 받고 격렬한 전투를 벌이다 모두 전사하고 말았다. 이로써 마흐디 교단은 완전히 붕괴되었고, 수단은 영국의 지배를 받는 식민지로 전락했다.

마흐디 교단이 남긴 유산

영국군의 무력에 멸망하기는 했지만, 마흐디 교단이 남긴 가르침마저 완전히 사라진 것은 아니었다. 수단은 1956년 1월 1일 영국에게서 독립했는데, 이때 수단의 지도자인 하산 알 투라비는 마흐디 교단이 전파한 이슬람 율법에 따라 수단을 통치해야 한다고 주장했다. 마흐디 교단이 소멸했어도 그들의 교리는 57년 후 부활하여 새로운 독립국가, 즉 수단의 국시가 되었던 것이다.

또한 이슬람 테러 조직 '알 카에다'의 지도자로서 2001년 9·11 테러를 일으킨 테러리스트 오사마 빈 라덴도 마흐디 교단의 교리에 영향을 받았다. 그는 1994년부터 1998년까지 수단에 머무르면서, 마흐디 교단이 남긴 '무력으로 이교도 서구 세력과 싸워서 순수한 이슬람 신앙을 지키자'라는 교리를 배웠으며, 이를 토대로 9·11 테러를 자행했다.

마흐디와 그를 추종하는 교단 자체는 사라졌으나, 그들이 남긴 교리는 21세기인 지금까지도 남아서 알 카에다 등에 영향을 끼쳤다. 시리아를 중심으로 활동하는 또 다른 이슬람 테러 조직인 'IS'(이슬람 국가)도 폭력을 사용해 서구 제국주의와 그 하수인들을 몰아내겠다는 마흐디 교단의 가르침을 충실히 따르고 있는 셈이다.

만주족의 신화는 지극히 여성 중심적이다. 신과 인간 모두가 원래는 여자였다고 말한다. 만주족 신화는 세상의 근원 자체를 여성에게서 찾고 있다. 이는 만주족이 오랫동안 수렵과 채집 등 원시적인 생활을 해온 탓에 가부장 제도의 압박을 받지 않았기 때문일 것이다. 실제로 지금도 중국 서남부 오지의 여러 소수민족은 여자가 남편 후보와 자유롭게 성관계를 하여 그중에서 가장 마음에 드는 상대와 결혼을 할 수 있는 등 여성 중심적인 풍습을 갖고 있다.

만주족의 샤먼교

여자의 세상

"영원히 여성적인 것이 우리를 구원한다."

- 괴테의 《파우스트》에서

대부분의 종교나 신화는 철저하게 남성 중심적이다. 최고 신은 주로 남성이며, 자신이 가진 권력을 이용해 수많은 여자들과 난잡하고 방탕한 성생활을 즐긴다. 최고 신의 아내들은 남편의 음란함을 알면서도 울분을 삭여야 한다. 만약 분노를 터뜨렸다가는 남편의 힘에 의해 고통을 당할 테니까.

이런 가부장적인 신화의 대표적인 예가 바로 그리스 신화다. 주신 제우스는 신이건 사람이건 미녀만 보면 가리지 않고 덤벼들어 욕정을 채운다. 그리고 제우스의 아내 헤라는 남편의 바람기를 미워하면서도, 차마 뭐라고 하지 못하고 속으로 분노를 삼킬 뿐이다. 그래서 그리스 신화는 어린아이들을 위한 동화가 아니라, 차라리 성인들이 보는 불륜 드라마에 더 가깝다.

하지만 세상에는 그리스 신화 같은 남성 중심적 신화만 있는 것이 아니다. 정반대로 여성 중심적인 신화도 있다. 바로 만주족의 신화다.

태초에 모든 신과 인간은
여자였다?

만주족은 지금의 만주와 연해주 일대에서 농사와 사냥, 고기잡이와 채집을 하던 원시적인 부족이었다. 이들은 중국 한나라 이전까지는 숙신肅愼이나 읍루挹婁라고 불렸다. 우리 역사에는 말갈족鞨鞨族으로 더 잘 알려져 있다.

만주족은 중국 한나라 시대부터는 말갈로, 송나라 시대에는 여진으로 불리다가 청나라 시대에야 비로소 만주족으로 불렸다. 이들은 12세기 이전까지 정치적 통일을 이루지 못해 주변 강대국들에게 휘둘리는 상황이었다. 그러다 12세기에 금나라를, 17세기에 청나라를 세워 두 번이나 중국을 정복했다. 원시적인 생활을 하던 부족 집단이 세계 최강대국인 중국을 굴복시켰으니 엄청난 일이 아닐 수 없다.

청나라를 세운 만주족은 한족과의 결혼을 금지하고, 한족과 분리된 별

청나라의 최전성기를 연 강희제. 오늘날 중국의 광대한 영토는 그가 이룩한 업적에서 비롯되었다. 그래서 만주족임에도 불구하고 현재까지 중국인들이 가장 존경하는 황제로 남아 있다.

시베리아의 원주민 예벤키족 샤먼. 만주족의 샤먼도 비슷했을 것이다.

개의 공간에서 살아가도록 조치를 할 정도로 자신들의 정체성 보존에
심혈을 기울였다. 그러나 19세기 말로 접어들면 그런 청나라 황실에서
조차 만주족 정체성의 기본이라고 할 수 있는 만주어를 죄다 잊어버릴
정도로 한족 문화에 빠져들었다.

하지만 만주어가 사라져도, '만주족'이라는 집단적 정체성은 계속 남
았다. 그것은 바로 신화에서 비롯되었다. 만주족의 신화가 그들의 정체

성을 가늠케 하는 잣대였던 것이다.

만주족의 신화는《천궁대전天宮大戰》이라는 중국 책에 기록되어 있다. 이 책은 1939년, 중국인 학자 부희륙과 오기현이 만주족 샤먼(무당) 백몽고白蒙古를 찾아가서 들은 신화와 전설을 수록한 것이다. 참고로 무당을 가리키는 영어 단어인 '샤먼Shaman' 자체가 만주족을 포함한 시베리아와 극동의 부족들이 무당을 부르는 말인 '샤만'에서 비롯되었다.《천궁대전》은 중국식 명칭이고, 원래 만주족들이 부르던 이름은 '오차고오륵본烏車姑烏勒本'이다. '오차고'는 신을 모신 작은 사당, '오륵본'은 이야기라는 말이다. 즉, '오차고오륵본'은 신을 섬기는 사당의 이야기, 곧 신화神話라는 뜻이다.

《오차고오륵본》에 적힌 만주족의 창세신화는 이렇다. 아득히 먼 태초에 세상은 온통 거대한 물로 뒤덮여 있었다.(이 부분은 슬라브 신화와 비슷하다.) 그러던 중 물속에서 아포가혁혁阿布卡赫赫 또는 아부카허허라는 최초의 신이 등장했다. 이 아부카허허는 여성적 인격을 지닌 신, 즉 여신이었다.

아부카허허는 먼저 공기와 빛과 안개를 만들었다. 그러자 그녀의 몸 아랫부분이 떨어져나가, '바나무허허'라는 두 번째 여신이 탄생했다. 곧이어 빛은 하늘이, 안개

사슴을 타고 북을 치며 세상의 시작을 알리는 아부카허허.

는 땅이 되었다. 아부카허허의 몸 윗부분이 떨어져나가 와러두허허라는 세 번째 여신이 탄생했다. 이 세 여신은 서로 힘을 합쳐 세상을 창조해나 갔다. 아부카허허는 공기에서 구름과 천둥을, 바나무허허는 피부에서 계곡과 샘을, 와러두허허는 해와 달과 북두칠성을 만들었다. 그래서 아부 카허허는 하늘의 신, 바나무허허는 땅의 신, 와러두허허는 별자리의 신이 되었다.

그러고 나서 아부카허허는 지상에 살아갈 생명체를 만들기로 마음먹었다. 그런데 공교롭게도 그런 생각을 품었을 때 바나무허허는 깊은 잠에 빠져 깨어나지 않았다. 할 수 없이 아부카허허는 와러두허허와 함께 인간을 만들었다. 최초의 인간은 모두 여자였는데, 그도 그럴 것이 창조주인 아부카허허와 와러두허허 모두가 여신이었으니 자신들의 모습을 본따 여자를 만들 수밖에 없었기 때문이다.

뒤늦게 잠에서 깨어난 바나무허허는 자신이 인간 창조에서 제외되었음을 알고, 안타까운 마음에 인간이 아닌 다른 생물들을 만들었다. 그것들은 포유류와 새와 벌레였다. 그러나 다급한 마음을 가지고 만든 생물들이라서 인간보다 지혜롭지 못했다.

구약성경이나 그리스 신화 등 다른 지역 신화에 등장하는 신(최고 신 및 유일신)은 거의 모두 남성적 인격을 지녔으며, 인간도 남자가 여자보다 먼저 탄생한 것으로 묘사된다. 특히 성경에서는 뱀에게 꼬임을 받은 여자가 남자에게 선악과를 주어 타락시키고, 그리스 신화에서는 아예 최고 신 제우스가 남자밖에 없던 인간들을 벌하기 위해서 일부러 여자를 만들어 보냈다고 나와 있다. 구약성경과 그리스 신화를 만든 자들이 얼마나 여자를 부정적으로 여겼으면 이런 설정을 했을까?

정반대로 만주족의 신화는 지극히 여성 중심적이다. 신과 인간 모두가 원래는 여자였다고 말한다. 히브리와 그리스 신화에 가부장적인 남성 우월주의가 담겨 있는 것과는 달리, 만주족 신화는 세상의 근원 자체를 여성에게서 찾고 있다. 이는 만주족이 오랫동안 수렵과 채집 등 원시적인 생활을 해온 탓에 가부장 제도의 압박을 받지 않았기 때문일 것이다. 실제로 지금도 중국 서남부 오지의 여러 소수민족은 여자가 남편 후보와 자유롭게 성관계를 하여 그중에서 가장 마음에 드는 상대와 결혼을 할 수 있는 등 여성 중심적인 풍습을 갖고 있다.

남자와 악마의 탄생

신과 세계와 인간이 탄생했지만, 아부카허허는 세상에 오직 한 가지의 성을 지닌 인간만 사는 것은 불완전하다고 여겨 바나무허허, 와러두허허와 함께 여자와 다른 성을 지닌 인간, 즉 남자를 만들기로 결심했다. 그들이 자신들의 몸에서 털과 뼈를 뽑아내서 남자를 만들었기 때문에 남자는 여자보다 강인한 몸을 지니게 되었다.

아부카허허는 자신의 몸에서 살을 떼어내서 다른 신들을 만들었는데, 그중 남성과 여성을 모두 지닌 '오친'이라는 신이 있었다. 헌데 이 오친

백두산 정상에 있는 호수 천지. 백두산은 한민족뿐 아니라,
만주족도 성스러운 산으로 여겨 숭배했다.

이 문제를 일으켰다. 오친은 9개의 머리와 8개의 팔을 지녔는데, 그만큼 영리하고 힘이 강해서 다른 신들의 기술과 능력을 빨리 배워나갔다. 게다가 몸에 남성과 여성이 모두 있었기에 스스로의 힘으로 얼마든지 생식이 가능하다는 탁월한 장점이 있었다. 오친은 자신을 따르는 다른 사악한 신들을 수없이 낳았고, 그렇게 해서 추종자들이 많아지자 이제 아부카허허를 비롯한 세 여신도 겁내지 않게 되었다.

마침내 오친은 자신의 이름을 '예루리'로 바꾸고, 아부카허허가 만든 세계의 질서를 어지럽혀 홍수와 폭풍과 지진과 암흑 등의 재앙을 일으켰다. 자신의 힘을 과시하여, 아부카허허와 다른 여신들을 제압하기 위함이었다. 그리고 예루리는 아부카허허 및 여신들과 구분되는 자신의 정체성을 확고히 하기 위해서 성별을 남신으로 바꾸었으며, 와러두허허를 붙잡아 땅속에 가두는 한편, 최고 신 아부카허허에게 도전할 정도로 대담해졌다.

아부카허허는 자신이 만든 다른 여신 '시스린'과 '푸터진' 등에게 예루리를 제압하도록 했다. 시스린과 푸터진에게 얻어맞고 쫓겨난 예루리는 그 후에도 계속 아부카허허와 싸웠는데, 한번은 아부카허허를 유인하여 산으로 깔아뭉개고, 세상을 끝없는 폭설과 추위로 얼려 아무런 생명체도 살 수 없는 죽음의 공간으로 만들려 했다. 아부카허허는 자신을 따르는 다른 신들의 도움으로 예루리를 제압하고, 그를 땅속 어두운 곳으로 내쫓았다.

하지만 예루리의 힘도 만만치 않았고, 아부카허허를 따르던 신들(여신들) 중에서 게으름을 피우다 벌을 받거나 타락하여 남신이 되고 예루리를 따르는 경우도 있었다. 그래서 지금의 세상은 선과 악, 빛과 어둠, 질서와 혼란, 번성과 파멸 등이 서로 공존하게 되었다는 것이 만주족 신화의 기본 줄기였다.

만주족을 지킨 여신들

앞서 이야기한 신들 외에도 만주족은 수많은 신을 믿었다. 대부분은 여성적 인격을 지닌 여신들이다.

만주족의 신들

아부카허허阿布卡赫赫 : 가장 오래된 최고의 여신이자, 창조와 하늘의 여신. 보통 '하늘의 어머니天母'라고 불리며, 39명의 부속 신을 거느린다.

와러두허허臥勒多赫赫 : 별자리의 여신. 42명의 부속 신을 거느린다.

바나무허허巴那舌額姆 : 땅의 여신. 27명의 부속 신을 거느린다.

더리게오무德里給奧母媽媽 : 동해 바다와 물과 수중 생물의 여신. 11명의 부속 신을 거느린다.

퉈후리마마托戶離媽媽 : 빛의 여신. 3명의 부속 신을 거느린다.

차이펀마마査依芬媽媽 : 사람과 동물의 여신. 7명의 부속 신을 거느린다.

아미타마마阿米塔媽媽 : 병과 출산의 여신. 19명의 부속 신을 거느린다.

허부리마마舍布離媽媽 : 죽음과 영혼의 여신. 10명의 부속 신을 거느린다.

두카허多哈 : 생명의 여신.

순順 : 태양의 여신.

비아比牙 : 달의 여신.

타치마마塔其媽媽 : 시간의 여신.

두룬바都倫巴 : 중앙의 수호여신.

더리거德立格 : 동쪽의 수호여신.

와러거洼勒格 : 서쪽의 수호여신.

주러거朱格 : 남쪽의 수호여신.

아마러거阿瑪勒 : 북쪽의 수호여신.

만주족 신화에 등장하는 여신은 모두 합치면 약 300여 명에 이른다. 그리고 만주족은 일상 속에서 크고 작은 일이 있을 때마다 여신을 섬겼다. 여진족을 통일하고 후금(훗날 누르하치의 아들 홍타이지가 나라 이름을 '청'으로 바꿈)을 세운 태조 누르하치는 명나라와의 전쟁을 앞둔 1618년, 신들을 모신 당자堂子에 들러 치성을 드렸다. 효험이 있었던지, 그로부터 1년 후인 1619

년 누르하치는 사르후 전투에서 명나라 군대와 싸워 대승을 거둔다.

1644년 청나라가 명나라의 수도인 북경에 입성하여 본격적으로 중국 대륙을 지배하게 된 이후에도 만주족의 신들은 계속 숭배의 대상이 되었다. 청나라 황실은 정월 초하룻날 '제천'이라 하여 하늘의 신들을 섬기는 종교의식을 치렀다. 군대가 원정을 떠나거나 돌아올 때도 황제가 직접 당자에 가서 제사를 지냈다. 제천과 당자에서 숭배를 받은 신은 아부카허허를 비롯한 만주족의 여신들이었다. 또한 만주족은 여신의 이름 뒤에 '마마媽媽'라는 호칭을 붙이는 풍습을 지니고 있었다.

만주족과 운명을 함께한 여신들

아부카허허와 와러두허허 등의 여신을 섬기는 만주족 샤먼교는 민족종교라는 특색을 지녔다. 따라서 만주족이 아닌 한족이나 위구르족 같은 다른 민족에게는 거의 알려지거나 전파되지 않았고, 만주족만의 고유한 신앙으로 남았다.

한족에게 자신들의 문화인 변발(정수리 부위의 머리카락을 제외한 나머지 부위의 머리카락을 모두 깎고, 정수리의 머리카락을 길게 땋아 내리는 풍습)을 강요하며, 이를 어기는 자들을 무참히 학살했던 만주족이 어째서 자신들의 신앙을 한족에게 강요하지 않았는지, 그 확실한 이유는 알 수 없다. 개인적인 추측을 덧

붙이자면 자신들 만주족과 외부인인 한족을 구분하기 위해서가 아니었나 싶다. 실제로 청나라를 세운 만주족은 중국을 지배하는 동안 피지배계층인 한족과는 결혼도 하지 않을 만큼, 한족이 자신들과 섞이는 것을 막았다.

만주족은 자신들보다 수적으로 훨씬 많은 한족이 반란을 일으켜 고향인 만주로 쫓겨나는 만일의 상황에 대비하여 일부러 만주와 중국 본토의 경계에 버드나무 장막인 유조변柳條邊을 심었다. 이는 만주가 중국 본토와 구별되는 별개의 구역이라는 점을 상징한 것이다. 그만큼 만주족은 한족과 구별되는 자신들만의 정체성을 계속 간직하길 원했다. 그래서 한족이 믿지 않는 만주족 고유의 종교인 샤먼 신앙을 자신들끼리만 유지하여, 만주족의 정체성을 나타내는 표시로 삼았던 듯하다. 아마 그런 이유로 일부러 한족에게 샤먼교를 강요하지 않았을 것이다.

기독교나 이슬람교 같은 보편 종교와 달리 어느 특정 민족만의 신앙인 민족종교는 그 종교를 믿는 민족들이 쇠퇴하면 자연히 교세가 기운다. 만주족도 예외가 아니었다. 19세기 중엽부터 시작된 서구 열강과 일본의 침략으로 인해 만주족의 청나라는 나날이 쇠약해져갔다. 급기야 1911년, 한족이 일으킨 신해혁명으로 청나라가 멸망하면서 샤먼교는 큰 타격을 받았다.

하지만 샤먼교를 쇠퇴하게 한 진짜 이유는 따로 있었다. 중국 자체가 서구 열강의 침탈에 무기력한 모습을 보이며 무너지자, 만주족을 포함한 중국인들은 서양의 최신 학문을 배워야 나라를 부강하게 만들어 외세의

후금을 세운 청 태조 누르하치.

침입을 막아낼 수 있다고 믿게 된 것이다. 청년들은 서양식 학문을 배우는 데 열중했고, 자연히 만주족의 샤먼교 같은 오래된 종교에 등을 돌렸다. 만주 깊숙한 곳의 시골 정도를 제외하고는 거의 모든 곳에서 샤먼교가 자취를 감추었고, 서양식 학문을 가르치는 학교가 곳곳에 들어서면서 만주의 신들은 완전히 잊혔다.

이와 비슷한 경우로 현대 한국을 들 수 있다. 1953년 한국전쟁이 막 끝난 후 한국은 전쟁의 여파로 인해 세계에서 가장 가난하고 비참한 나라였다. 수백만의 사람들이 죽었고, 온 나라는 초토화됐다. 이런 와중에 한국인들은 모두 하나같이 미국과 유럽 같은 서양식 학문과 기술을 배워야만 나라를 부강하게 일으킬 수 있다고 굳게 믿었다. 그래서 정부는 한때 무당과 무속 같은 한국의 고유 신앙을 미신으로 규정하여 탄압하는 데 열을 올렸다.

만주족의 샤먼교나 한국의 무속 신앙 모두 그 신앙을 믿고 있던 구성원들에 의해 버림받은 것이다. 그나마 한국은 경제부흥에 성공한 뒤, 그동안 잊고 있었던 고유한 옛 문화에 관심을 기울이면서, 다소 사정이 나아졌다.

그런데 중국은 1960년대 들어 고유 문화를 시대에 뒤떨어진 미신이자 봉건적 요소로 규정한 이른바 문화대혁명에 휩쓸렸다. 문화대혁명을 겪으면서 중국 문화는 이루 말할 수 없는 막대한 타격을 받았다. 몽골족과 티베트인 같은 소수민족들이 탄압을 받아 죽기도 했고, 티베트 불경들도 상당수 훼손되었다. 만주족이 믿어왔던 샤먼교의 신화를 기록한 각종 자료들도 문화대혁명의 광풍에 휘말려 파손되는 난리를 겪어야 했다. 그리고 청나라가 망할 당시 만주족 대부분은 이미 만주어와 만주 문자를 거의 다 잊어버린 상태였고, 일상에서 중국어와 한자를 사용할 정도로 한족 문화에 동화된 지경이었다. 이러니 자신들의 고유 신앙에 대해 더더욱 무지해질 수밖에 없었다.

오늘날 중국에서 만주족의 후예임을 자처하는 사람들은 약 700만 명이나 된다. 그러나 그들 중에서 능숙하게 만주어와 만주 문자를 구사할 수 있는 사람은 10명도 채 되지 않는다. 언어와 문자를 잃은 사람들에게 고유 신앙에 대한 애착이나 열정이 있을 리 없다. 만주의 아주 깊숙한 오지나 산간 마을이 아니면, 더 이상 아부카허허 같은 만주 여신들은 숭배의 대상이 되지 못한다. 200년 넘게 세계 최강대국 청나라 황제들이 정성껏 섬겼던 평화와 풍요의 여신들은 이제 다 낡은 책 속에서나 볼 수 있을 뿐이다. 신의 세계에도 흥망성쇠는 존재한다.

오나족의 신앙에는 매우 특이한 내용이 있다. 태초에 여자들이 사회를 지배했다가, 남자들이 반란을 일으켜 여자들의 권력을 무너뜨리고 남자가 다스리는 사회를 만들었다는 것이다. 이 기묘한 이야기를 하인 설화라고 하는데, 이 설화에 의하면 현재의 인류가 존재하기 오래 전에 마법으로 주문을 걸어 사람들에게 죽음과 고통을 줄 수 있는 능력을 가진 여자들이 살았다고 한다.

오 나 족 의
전 통 신 앙

동 서 남 북
하 늘 의 신 들

"인생은 밤하늘의 반딧불이자, 해가 지면 사라지는 그림자와 같다."

– 북미 원주민 속담

우리에게 남미는 먼 곳이다. 그나마 잉카 제국이나 브라질처럼 유명한 나라들을 제외하면, 나름 남미의 강대국인 아르헨티나조차 잘 모르거나 관심을 두지 않는다. 남미에도 오랜 옛날부터 고유한 역사와 신앙을 가진 사람들이 살았다. 불행하게도 그들은 16세기 이후, 유럽에서 이주해 온 백인들에 의해 거의 대부분 학살을 당하고 언어와 종교 등 문화마저 잃어버리고 말았다.

　이 장에서는 한국에 잘 알려져 있지 않은 남미의 부족 오나족과 그들이 믿었던 신앙에 대해 소개하고자 한다.

기이한 분장을 했던 사람들

✚

오나Ona족은 지금의 아르헨티나와 칠레 최남단에 있는 티에라 델 푸에고Tierra del Fuego 섬에서 살아가던 원주민 부족이었다. 이들은 약 1만 년 전부터 티에라 델 푸에고 섬을 고향으로 삼았으며, 아마도 그보다 더 이전에 아시아에서 베링 해협을 건너 남미 대륙으로 이주한 것으로 추정된다.

오나족은 셀크남Selknam족과 하우시Haush족의 두 씨족 집단으로 이루어졌는데, 언어와 문화는 거의 비슷했다. 이들은 농사를 짓지 않고 낙타와 비슷한 구아나코 같은 야생동물을 사냥하거나, 바닷가에서 낚시와 그물로 생선과 어패류를 잡고, 그 밖에 야생 과일을 수집하면서 살았다. 교과서에서 보았던 수렵과 채집 생활을 하던 원시 부족이라고 생각하면 될 것이다.

종교 행사가 열릴 때면, 구아나코의 털가죽으로 만든 모자를 깊게 눌러쓰고는 몸에 다양한 색깔의 물감을 바르는 의식을 벌이기도 했다. 그런 모습들이 무척 신기하게 보였는지, 19세기 서양인들 사이에서는 기이한 분장을 한 오나족을 찍은 사진들이 이색적인 화젯거리로 꼽히기도 했다. 원주민 부족에 대한 일반적인 인식과 달리 오나족은 추장이 없었고, 여러가지 일을 부족 구성원의 합의로 결정했다.

활을 든 셀크남족 사냥꾼들.

바닷가에서 어패류를 채취하고 있는 오나족 여인들.

오나족의 신들

✛

오나족의 전통 신앙은 자연 속에 살고 있는 여러 신을 믿고, 무당(샤먼)이 그들을 불러내어 도움을 요청하는 샤머니즘이었다. 무당은 부족 내의 여러 가지 일을 결정하는 데 중요한 역할을 했다. 아직 국가체제가 확고히 자리 잡지 않았던 한반도 삼국시대 초기, 무당이 한 집단의 지도자 노릇을 했던 제정일치 시대를 떠올리면 이해하기 쉽다.

오나족은 우선 전 우주를 다스리는 최고 신 테마우켈Temaukel을 숭배했다. 테마우켈은 태초에 세계를 창조했으며, 부하 신 케노스를 시켜 자신을 섬길 인간을 탄생시켰다. 그는 눈에 보이지 않아 형체가 없었지만

오나족의 신들

• 북쪽 하늘에 속한 신들	**코쥐**Kojh : 바다의 신.
	콴잎Kwanyip : 죽음의 신.
	오오케O'oke : 폭풍의 여신, 코쥐의 누이.
• 남쪽 하늘에 속한 신들	**센누케**Cenuke : 힘과 폭력의 신.
	조쉬Josh : 추위와 눈의 신, 크레의 형제.
	크레Kre : 달의 여신, 크렌의 아내.
	아카이닉Akainik : 무지개의 신, 크레의 오빠.
• 동쪽 하늘에 속한 신	**케노스**Kenos : 땅과 인간의 창조주이며, 문화와 지혜의 신. 최고 신인 테마우켈 다음으로 위대한 신.
• 서쪽 하늘에 속한 신들	**크렌**Kren : 태양의 신, 크레의 남편.
	쉰르Shenrr : 바람의 신, 크렌의 형제.

모든 신을 지배하며 영원히 존재하는 신인데, 나중에 기독교 선교사들과 만난 오나족은 테마우켈이 기독교의 유일신과 비슷한 부분이 많다고 생각하여 기독교 신과 동일시하기도 했다. 그러나 테마우켈은 기독교 신처럼 유일신이 아니었다. 오나족은 테마우켈 이외의 다른 신들도 함께 숭배했다.

테마우켈은 기본적으로 하늘의 신이지만, 언제든지 땅 위와 지하세계로도 자유롭게 드나들 수 있었다. 그는 인간들에게 자신이 내린 계명을 반드시 지켜야 한다고 엄격하게 명령했다. 그 의무를 지키지 않는 인간은 죽거나 병에 걸려 고통을 받았다. 오나족은 테마우켈을 매우 두려워했고, 그의 이름을 직접 부르기보다 '하늘에 계신 분'이라고 조심스럽게 말했다. 구약성경에서 유대인들이 그들의 신 야훼의 이름을 함부로 부르지 못하고 '주님'이라고 돌려서 말한 것과 비슷하다.

테마우켈을 섬기는 의식은 저녁 식사를 하기 전 고기 조각을 집 밖으로 내던져 그에게 바치는 일이었다. 우리 전통 풍속에서 곡식의 신인 고시레를 숭배하기 위해 식사하기 전 "고시레!" 하고 외치면서 방의 구석에다가 밥풀을 던지던 것과 같다.

앞서 말한 것처럼 테마우켈은 다른 신들을 거느렸는데, 그들은 동서남북 네 방향의 하늘에 살면서 서로 인간처럼 싸우거나 결혼을 하여 아이를 낳았다. 하늘을 방향에 따라 나누는 세계관은 몽골족이 동쪽 하늘과 서쪽 하늘의 신들이 서로 대립한다고 여겼던 인식과 비슷하다.

코쥐는 바다의 신이며 고래를 포함한 모든 바다 생물이 그의 자식이다. 그는 바다 생물을 보호하기 위해서 바다를 크게 만들었다. 오나족은 바다에서 생선과 어패류를 채취하기 전에 먼저 그에게 기도를 올리고 양해를 구해야 했다. 코쉬는 바람의 신 쉰르와 항상 싸웠다. 이 때문에 아득히 먼 고대에는 홍수가 지상을 덮쳐 많은 사람들이 죽었고, 어떤 사람들은 살아남기 위해서 바다사자와 새가 되었다. 이런 설화는 오나족이 티에라 델 푸에고 섬의 바다에 몰아치는 거센 바람을 보고 바다와 바람이 서로 싸운다고 생각해서 만들어낸 것이다.

콴잎은 죽음의 신이며, 낮과 밤을 가리지 않고 바쁘게 움직인다. 사람을 비롯한 살아 있는 생명체들의 죽음에는 정해진 때가 없으니, 잠시도 쉬지 못하는 것이다. 오나족의 전설에 따르면 원래 세계는 낮이 밤보다 더 길어서 태양빛이 매우 강렬했는데, 그 뜨거운 열기를 참지 못한 콴잎이 밤의 시간을 늘려서 낮과 밤의 길이가 같아졌다고 한다. 오나족은 콴잎을 훌륭하고 영웅적인 신으로 숭상했다. 일반적으로 신화에서 죽음의 신이 부정적으로 그려지는 것에 비하면 상당히 특이하다. 그 이유는 콴잎이 인간을 습격하여 잡아먹는 포악한 거인 차쉬켈Chashkel을 물리쳤기 때문이었다.

차쉬켈은 오나족 신화에서 엄청난 힘과 포악성을 지닌 거인으로 등장하며, 모든 존재들로부터 두려움의 대상이었다. 그는 끝없는 식욕으로 유명하며, 티에라 델 푸에고 섬 주변 육지에 자신이 잡아먹은 사람들의 뼈를 셀 수 없이 많이 던져놓았다. 차쉬켈은 어느 날 콴잎의 조카를 자신의 오두막으로 끌고 와서 자기가 먹어치운 시체의 창자를 청소하는 일을 시키며 노예로 부렸다. 이 소식을 듣고 콴잎은 조카를 구출하기 위해서 차쉬켈의 오두막으로 달려갔다. 마침 차쉬켈은 주변에 대한 경계를 소홀히 하던 중이었다. 콴잎은 무거운 돌을 차쉬켈의 눈에 던져 죽이고 조카를 구출해왔다. 이 일로 인간들은 차쉬켈에게 잡아먹히는 공포로부터 완전히 벗어났고, 콴잎을 위대한 신이라며 칭송했다.

오오케는 폭풍의 여신이며 코쥐의 누이인데, 그녀에 관련된 신화는 거의 전하지 않는다.

힘과 폭력의 신 센누케는 가학적인 놀이를 즐기며 눈 깜짝할 사이에 사람을 죽이고 가을을 불러오는 능력을 지녔다. 그는 다른 신과의 싸움도 좋아했는데, 죽음의 신 콴잎이 그의 상대로 알맞았다. 센누케는 콴잎이 가마우지(바닷새의 한 종류)를 잡으러 해안가의 바위로 떠나자, 일부러 눈사태를 일으켜 그를 미끄러지게 하여 골탕을 먹였다. 이에 화가 난 콴잎은 나중에 센누케가 오리와 거위를 잡으러 남쪽의 늪으로 떠나자, 몰래 그를 쫓아가 밤중에 많은 우박과 눈을 퍼부어 괴롭혔다. 훗날 센누케는 케노스의 후계자가 되어 원래 살던 지하세계를 떠나 하늘로 올라가기도 했다. 그는 작은개자리의 알파성 프로키온으로 승천했다고 전해진다.

동쪽 하늘에 속한 신들 중에서는 케노스가 가장 중요하다. 그는 오나족의 종교에서 테마우켈 다음으로 위대한 신이다. 오나족은 케노스가 먼저 땅과 자연 생태계를 만든 다음, 진흙으로 한 쌍의 남자와 여자를 만들어 현 인류를 존재하게 했다고 생각했다. 또한 오나족 신화에서 케노스는 인간이 일상에서 사용하는 각종 생활 도구들을 발명하고 사용법을 가르쳐준 문화 영웅이기도 하다. 케노스는 센누케처럼 지하세계에 살다가, 하늘에 떠 있는 황소자리의 알파성 알데비란으로 올라갔다.

크렌은 태양의 신이면서 달의 여신 크레의 남편이다. 해와 달을 부부로 생각하는 관념은 매우 보편적이었으며, 오나족도 예외가 아니었던 듯하다. 크렌은 오나족 사회가 여자들의 지배에서 남자들이 다스리는 가부장적 제도로 편입되는 데 도움을 준 신이라고 전해진다. 원래 크렌은 고대의 태양 신 크라나카타익스Kranakhataix의 아들로 땅 위에 살던 사냥꾼이었다. 그러다가 크라나카타익스가 어디론가 사라지자, 그는 아버지의 뒤를 이어 새로운 태양의 신이 되어 하늘로 올라갔다.

바람의 신 쉰르는 크렌의 형제인데, 앞서 언급한 것처럼 바다의 신인 코쥐와 항상 거칠게 싸웠다. 둘이 싸울 때면 해협에 큰 폭풍이 일어나며, 티에라 델 푸에고 섬의 강과 개울에 물이 넘쳐났다.

여자들의 지배에서 해방된 남자들

신들에 관한 이야기 말고도 오나족의 신앙에는 매우 특이한 내용이 있다. 태초에 여자들이 사회를 지배했다가, 남자들이 반란을 일으켜 여자들의 권력을 무너뜨리고 남자가 다스리는 사회를 만들었다는 것이다.

이 기묘한 이야기를 하인Hain 설화라고 하는데, 이 설화에 의하면 현

털가죽 옷을 걸친 오나족 여인들.

재의 인류가 존재하기 오래전에 마법으로 주문을 걸어 사람들에게 죽음과 고통을 줄 수 있는 능력을 가진 여자들이 살았다고 한다. 그녀들은 '하인'이라 불리는 통나무집에 자기들끼리 따로 모여 살면서 외부인의 출입을 엄격히 통제했으며, 남자들에게 사냥을 시켜 자신들이 먹을 고기를 바치게 하고, 그 밖의 모든 번거로운 일은 떠넘겼다는 것이다. 하인에 모여 사는 여자들은 주술로 자신들의 영혼을 육체에서 분리시켜 하늘까지 올라갔다가 다시 돌아오는 의식을 치렀는데, 이는 동북아시아의 무당들이 하는 영혼 비행과도 비슷하다. 하인의 여자들은 무당이나 마녀로 보아도 무리가 없다.

시간이 흐를수록 하인의 여자들은 오만해졌다. 그녀들은 남자들에게 더 많은 양의 고기를 바치라고 명령했다. 남자들은 그녀들의 요구를 들어주기 위해서 잠시도 쉬지 못하고 들판에 나가 사냥을 하며 고기를 하인으로 실어 나르느라 지쳐갔다. 남자들은 영원히 노예 신세로 전락할 것을 우려하여 마침내 여자들의 지배에 맞서 반기를 들겠다고 결심했다. 그리하여 힘세고 용감한 젊은이들로 구성된 습격 부대가 하인에 몰래 접근한 뒤 횃불을 던져 불을 질렀다. 한참 자고 있던 도중에 갑자기 불과 연기가 자욱하게 일어나자, 놀란 여자들이 통나무집 밖으로 뛰쳐나왔다. 청년들은 정신을 잃고 도망쳐 나오는 여자들을 손쉽게 몽둥이로 때려 죽였다. 그렇게 해서 하인의 여자들은 모두 죽었으며, 이후로 오나족 사회에서는 남자들이 모든 권한을 가지고 가정과 부족을 지배하게 되었다는 것이다.

이 하인 설화에서 태양신 크렌이 남자들을 도왔다고 전해진다. 하인의 여자들은 달의 여신 크레를 숭배하면서 그녀로부터 마력을 받았는데, 남자들에게 고기를 많이 바치라고 한 이유도 그녀들끼리 먹기만 위해서가 아니라 크레에게 바칠 제물이 필요했기 때문이라는 것이다. 반면 크렌은 여자들에게 시달리는 남자들을 불쌍히 여겨서, 청년들이 하인을 습격했을 때 하인의 여자들로 하여금 마법의 주문을 전혀 사용하지 못하게 막았다. 그래서 평소 무서운 마법의 힘을 지녔던 하인의 여자들은 남자들이 습격했을 때 속수무책으로 당할 수밖에 없었다고 한다.

신화학자들은 오나족의 하인 설화에 대해서 원시시대에 여자들이 권력을 쥐고 있었던 모계사회였다가 점차 시간이 흐르면서 남자들이 여자들로부터 권력을 빼앗아오는 가부장제 사회로 바뀌었던 경험이 반영된 것이라고 추측한다.

백인들의 대량 학살

평화를 누리며 살던 오나족에게 19세기 후반 끔찍한 재앙이 찾아왔다. 유럽과 남미의 백인들이 총을 들고 티에라 델 푸에고 섬으로 쳐들어와서 오나족을 무자비하게 학살한 것이다. 이 잔인한 유혈극의 배경에는 티에라 델 푸에고 섬으로 이주한 영국 목축업자들이 있었다. 1880년대부터 티에라 델 푸에고 섬에는 많은 영국인들이 이주해왔는데, 그들은 양떼를 키우기 위해서 섬 곳곳에 목장을 세웠다. 이는 불법적인 무단 점거였다. 애초에 영국인들은 티에라 델 푸에고 섬으로 이주하여 양떼를 기르면서, 이미 1만 년 전부터 그곳에 살고 있었던 토박이 오나족들에게 어떠한 양해나 동의도 구하지 않았다. 19세기 서구인들은 자신들이 세계에서 가장 우수한 인종이라고 여겼고 모든 비서구인들을 미개하고 원시적인 야만인으로 멸시했으니, 오나족을 양해나 동의의 대상이라고는 생각도 하지 않았을 것이다.

물론 오나족은 자신들의 고향에 멋대로 들어와서 양떼를 풀어놓고 사냥을 방해하는 영국인들을 결코 좋아하지 않았다. 오나족은 영국 목축업자들에게 "우리 고향에서 어서 나가시오!"라고 항의했으나, 영국인들은 이를 무시하고 목축업을 계속했다. 그로 인해 오나족과 영국인들 사이에 마찰이 계속 이어졌고, 분노한 오나족 전사들이 영국인들이 키우는 양떼를 습격해 죽이거나 영국인들이 세운 목장에 침입하는 일도 늘어났다.

오나족과의 갈등이 빈발하자, 영국인들은 자신들의 목축업을 방해하는 오나족을 성가신 방해물이라고 판단했다. 그리고 잔인한 해결책을 고안했는데, 무력을 사용하여 오나족을 모조리 죽여 없애는 것이었다. 영국 목축업자들은 티에라 델 푸에고 섬 주변 아르헨티나와 칠레에 총을 든 군인과 의용군을 보내달라고 요청했다.

마침 스페인에서 독립한 신생 국가 아르헨티나와 칠레도 영토를 남쪽으로 넓히기 위해서 오나족 살육을 적극적으로 도왔다. 귀찮은 방해물인 오나족을 모두 없애고 나서 티에라 델 푸에고 섬을 차지하려는 속셈이

티에라 델 푸에고 섬에서 오나족을 상대로 잔인한 인간 사냥을 벌이고 있는 백인 총잡이들.

있었던 것이다. 특히 아르헨티나는 이미 19세기 초반부터 군대를 동원해 아비폰족과 테우엘체족 등 원주민 부족들을 집단으로 학살하고, 그들의 영토를 빼앗는 정책을 펴고 있었다. 오늘날 아르헨티나 백인 인구의 비율이 남미 국가들 중에서도 유독 높은 90%에 이르는 이유도 원래 그 땅에서 살던 원주민 부족을 모조리 죽여 없애고 유럽에서 백인 이민자들을 대규모로 불러왔기 때문이다.

이렇게 해서 티에라 델 푸에고 섬에는 아르헨티나와 칠레에서 온 군

오나족 소년과 소녀.

인과 의용군이 발을 딛게 되었다. 그들은 영국 목축업자들이 요청하는
대로 총을 든 채 섬 곳곳을 누비면서 오나족을 눈에 보이는 즉시 마구잡
이로 쏴 죽였다. 오나족 부족의 남자는 물론이고 여자와 아이, 노인도 결
코 무사하지 못했다. 직접 무기를 사용해 살인을 벌이는 자들도 잔인했
지만, 영국인 목축업자들의 악랄함도 그에 못지않았다. 그들은 오나족
한 사람의 손이나 귀를 잘라오면 그에 따라 돈을 더 많이 주겠다며 학살
을 부추겼다. 보너스를 받기 위해 아르헨티나와 칠레의 총잡이들은 오나

족을 무자비하게 학살하면서 그들의 신체를 잘라 앞다투어 영국 목축업자들에게 가져갔다. 이 잔인무도한 인간 사냥은 19세기 후반부터 20세기 초까지 15년 동안이나 계속되었다.

백인 인간 사냥꾼들의 만행에 오나족은 속수무책으로 당할 수밖에 없었다. 오랜 세월을 외부와 고립되어 살아온 오나족은 다른 집단을 상대로 전쟁조차 해본 적이 없었다. 같은 부족 안에서 무력 충돌 정도는 있었지만, 부족 원로들의 중재로 쉽게 해결되는 수준이었다. 더구나 오나족의 기술 수준은 석기시대에 머물러 있었고, 백인들의 총 같은 막강한 살상 무기들은 전혀 갖지 못했다. 결국 오나족은 백인 총잡이들에게 일방적으로 죽임을 당했다.

물론 모든 백인들이 오나족을 잔인하게 대한 것은 아니었다. 오나족에게 기독교를 전파하려 했던 선교사들은 백인 총잡이와 영국 목축업자들의 폭력으로부터 최대한 오나족을 보호하려 애썼다. 그리고 살아남은 오나족을 아르헨티나와 칠레로 데려가서 기독교와 스페인어, 근대 교육 등 서구 문물을 가르쳤다.

간신히 목숨을 건진 오나족들 역시 또 다른 심각한 문제와 마주쳤다. 그들은 전통문화를 버리고 서구식 문화를 배울 것을 강요당했다. 오나족은 스페인어를 사용하는 아르헨티나와 칠레의 제도에 따라서 자신들의 고유한 언어조차 사용하지 못하도록 억압받았고, 테마우켈 등 여러 신을 섬기는 전통 종교 대신 기독교로 개종해야 했다. 그나마 오나족의 문화와 종교에 대해 호기심을 가진 서구의 인류학자와 선교사들이 기록해놓은 문헌들이 없었다면, 오나족의 전통 신앙에 관한 지식은 전무했을 것이다.

잔인한 인간 사냥이 있은 지 약 1세기가 지난 지금, 오나족의 고유 언어를 말할 수 있는 사람은 아르헨티나에서 고작 4명에 불과하다. 그리고 살아남은 대부분의 오나족도 옛날 그들의 조상들이 믿었던 신들을 모두 잊어버렸다. 아르헨티나와 칠레에서 오나족은 힘없고 가난한 소수민족으로 전락하여 서서히 역사의 기억 속으로 사라져가고 있다.

참고자료

1. 도서

《고대 근동 문화》, 알프레드 J. 허트 · 제랄드 L. 매팅리 · 에드윈 M. 야마우치, 신득일 · 김백석 옮김,
　　CLC.
《고대 근동 역사》, 마르크 반 드 미에롭, 김구원 옮김, CLC.
《고대근동의 역사와 종교》, 노세영 외 지음, 대한기독교서회.
《국가에 대항하는 사회》, 피에르 클라스트르, 홍성흡 옮김, 이학사.
《궁예, 진훤, 왕건과 열정의 시대》, 이도학, 김영사.
《그럴싸한 그리스 앗》, 테리 디어리, 서현정 엮음, 주니어김영사.
《그리스 신화의 세계 1~2》, 유재원, 현대문학.
《남미 아르헨티나 인디오 부족문화의 다양성》, Tam Muro · Helena Aizen, 윤춘식 옮김, 영문.
《동방 기독교와 동서문명》, 김호동, 까치(까치글방).
《러시아사 강의 1》, 세르게이 표도로비치 플라토노프, 김남섭 옮김, 나남출판.
《러시아의 역사―상》, 니콜라스 V. 랴자놉스키 · 마크 D. 스타인버그, 조호연 옮김, 까치글방.
《러시아정교: 역사 · 신학 · 예술》, 석영중, 고려대학교출판부.
《로마제국 쇠망사》, 에드워드 기번, 윤수인 · 김희용 옮김, 민음사.
《마르코 폴로의 동방견문록》, 마르코 폴로, 김호동 옮김, 사계절.
《마하바라타 1~4 》, 크리슈나 다르마, 박종인 옮김, 나들목.
《마호메트: 알라의 메신저》, 안 마리 델캉브르, 은위영 옮김, 시공사.
《만화 그리스 로마 신화 1~3》, 변영우, 두산동아.
《메소포타미아 신화》, 헨리에타 맥컬, 임웅 옮김, 범우사.
《메소포타미아》, 장 보테로, 최경란 옮김, 시공사.
《메소포타미아의 역사 1~2》, 조르주 루, 김유기 옮김, 한국문화사.
《몽골 세계제국》, 스기야마 마사아키, 임대희 외 옮김, 신서원 .
《문명의 붕괴》, 제레드 다이아몬드, 강주헌 옮김, 김영사.
《바이킹 전사들의 북유럽 신화여행》, 강응천, 금호문화.
《불의 기억 1~3》, 에두아르도 갈레아노, 박병규 옮김, 따님.

《빼앗긴 대륙, 아메리카》, 로널드 라이트, 안병국 옮김, 이론과실천.

《살아있는 우리신화》, 신동흔, 한겨레신문사.

《세계의 모든 신화》, 케네스 C. 데이비스, 이충호 옮김, 푸른숲.

《세계의 신화 전설》, 하선미 엮음, 혜원출판사.

《세상에서 가장 재미있는 세계사 1~4》, 래리 고닉, 이희재 옮김, 궁리.

《수메르 신화》, 조철수, 서해문집.

《수메르, 최초의 사랑을 외치다》, 김산해, 휴머니스트.

《수메르, 혹은 신들의 고향》, 제카리아 시친, 이근영 옮김, AK(이른아침).

《슬픈 궁예》, 이재범, 푸른역사.

《신 백과사전》, 마이클 조던, 강창헌 옮김, 보누스.

《신당서 외국전 역주 (중) 》, 동북아역사재단, 동북아역사재단.

《신화는 수메르에서 시작되었다》, 김산해, 가람기획.

《아라비안 나이트》, 리처드 F. 버턴 영역, 김하경 엮어옮김, 시대의창.

《아라비안 나이트》, 리처드 F. 버턴, 김병철 옮김, 범우사.

《아랍의 종교: 유대교와 기독교 그리고 이슬람》, 공일주, 세창출판사.

《아른아른 아일랜드 전설》, 마거릿 심스, 이경덕 옮김, 주니어김영사 .

《아메리카 인디언의 땅》, 필리프 자캥, 송숙자 옮김, 시공사.

《아스텍 제국: 그 영광과 몰락》, 세르주 그뤼진스키, 윤학로 옮김, 시공사.

《아슬아슬 아스텍》, 테리 디어리, 서연희 옮김, 주니어김영사.

《아즈텍과 마야신화》, 칼 토베, 천경효 옮김, 범우사.

《알라가 아니면 칼을 받아라: 이슬람 역사 1400년》, 고원, 동서문화사.

《알렉산드로스, 침략자 혹은 제왕》, 마이클 우드, 남경태 옮김, 중앙m&b.

《알프레드 대왕》, 저스틴 폴라드, 한동수 옮김, 해와비.

《앵글로색슨족의 역사와 언어》, 박영배, 지식산업사.

《역사는 수메르에서 시작되었다》, 새뮤얼 노아 크레이머, 박성식 옮김, 가람기획.

《영국민의 교회사》, 비드, 이동일 · 이동춘 옮김, 나남.

《영국이 만든 세계》, 도현신, 모시는사람들.

《왜 우리 신화인가: 동북아 신화의 뿌리, 〈천궁대전〉과 우리 신화》, 김재용 · 이종주, 동아시아.

《위도 10도》, 엘리자 그리즈월드, 유지훈 옮김, 시공사.

《유라시아 대륙에 피어났던 야망의 바람》, 박원길, 민속원.

《유라시아 유목제국사》, 르네 그루쎄, 김호동 외 옮김, 사계절.

《유목민이 본 세계사》, 스기야마 마사아키, 이진복 옮김, 학민사.

《이스터섬》, 카트린 오를리아크 · 미셸 오를리아크, 장동현 옮김, 시공사.

《이슬람 1400년》, 버나드 루이스 엮음, 김호동 옮김, 까치(까치글방).

《이슬람 환상세계》, 가쓰라 노리오, 이만옥 옮김, 들녘.

《이슬람: 교리, 사상, 역사》, 손주영, 일조각.

《이슬람의 세계사 1》, 아이라 M. 라피두스, 신연성 옮김, 이산.

《이슬람의 역사와 문화: 아랍에서 출발한》, 최영길, 세창출판사.

《이야기 러시아사》, 김경묵, 청아출판사.
《이집트 역사 100장면》, 손주영 · 송경근, 가람기획.
《인도유럽인, 세상을 바꾼 쿠르간 유목민》, 라인하르트 쉬메켈, 김재명 등 옮김, 푸른역사.
《주여 사탄의 왕관을 벗었나이다》, 김혜경, 홍성사.
《주원장전》, 오함, 박원호 옮김, 지식산업사.
《중국을 말한다 8: 초유의 융합》, 류징청, 이원길 옮김, 신원문화사.
《중국을 말한다 11: 문채와 슬픔의 교향곡》, 청위, 이원길 옮김, 신원문화사.
《중국을 말한다 12: 철기와 장검》, 청위 · 장허성, 김춘택 · 이인선 옮김, 신원문화사.
《중국을 말한다 13: 집권과 분열》, 후민 · 마쉐창, 이원길 옮김, 신원문화사.
《중국을 말한다 14: 석양의 노을》, 명평싱, 김순림 옮김, 신원문화사.
《중동 신화 》, 후크, 박화중 옮김, 범우사.
《중동사》, 김정위, 대한교과서.
《총, 균, 쇠》, 재레드 다이아몬드, 김진준 옮김, 문학사상사.
《칭기스칸 잠든 유럽을 깨우다》, 잭 웨더포드, 정영목 옮김, 사계절.
《카르툼: 대영제국 최후의 모험》, 마이클 애셔, 최필영 옮김, 일조각.
《칼레발라: 핀란드의 신화적 영웅들》, 엘리아스 뢴로트, 서미석 옮김, 물레.
《켈트 북구의 신들》, 다케루베 노부아키, 박수정 옮김, 들녘.
《켈트 신화와 전설》, 찰스 스콰이어, 나영균 · 전수용 옮김, 황소자리.
《켈트족》, 크리스티안 엘뤼에르, 박상률 옮김, 시공사.
《켈트족이 꿈틀꿈틀》, 테리 디어리, 남경태 옮김, 주니어김영사.
《코르테스의 멕시코제국 정복기》, 에르난 코르테스 · 앙헬 델가도 고메스 엮음, 김원중 옮김, 나남출판.
《타키투스의 역사》, 타키투스, 김경현 · 차전환 옮김, 한길사.
《타키투스의 연대기 》, 타키투스, 박광순 옮김, 종합출판범우.
《터키사》, 이희수, 미래엔.
《판타지의 주인공들》, 다케루베 노부아키 외, 임희선 옮김, 들녘.
《페르시아 사산제국 정치사》, 압돌 호세인 자린쿠 · 루즈베 자린쿠, 태일 옮김, 예영커뮤니케이션.
《페르시아 신화》, 베스타 S. 커티스, 임웅 옮김, 범우사.
《페르시아의 종교: 조로아스터교, 미트라교, 마니교, 마즈닥교》, 유흥태, 살림출판사.
《한권으로 정리한 이야기 인도신화》, 김형준 엮음, 청아출판사.
《한스 큉의 이슬람: 역사 현재 미래》, 한스 큉, 손성현 옮김, 시와진실.
《환생신드롬 그러나 환생은 없다》, 한건산, 예진원.
《훈족의 왕 아틸라》, 패트릭 하워스, 김훈 옮김, 가람기획.

2. 인터넷 사이트

영어 위키피디아 https://en.wikipedia.org/wiki/Main_Page
스페인어 위키피디아 https://es.wikipedia.org/wiki/Wikipedia:Portada